なぜイヤな記憶は消えないのか

榎本博明

角川新書

はじめに

これまでの人生を振り返って、後悔だらけの人生だった、できることならやり直したいくらいだと嘆く人がいる。思い通りにならないことが多いだけでなく、なぜこんな目に遭わなきゃいけないんだというようなこともあって、運に見放された人生のように感じると、沈痛な面持ちで語る人もいる。

その一方で、いろいろあったけど、まあ良い人生だったと満足げな人もいる。そのような人でも、けっして良いことずくめの人生であったわけではない。

長く生きていれば、楽しいことや嬉《うれ》しいこと、誇らしいことばかりでなく、苦しいことや悲しいこと、腹立たしいことを経験しているはずだ。後悔することもあるだろう。思いがけない不運に見舞われることもあるかもしれない。

なかなか思い通りにならない人生だが、できることなら前向きに生きたいものである。

そこで、どんな人生であっても前向きに生きていくためのヒントを示そうと思う。それが本書の目的である。

では、どうしたら人生を前向きに生きることができるのか。その鍵《かぎ》を握るのが記憶である。

記憶というと、記憶力を連想する人が多いと思うが、本書で強調したいのは、私たちの人生は記憶によって導かれているということである。人生は記憶である、といってもよいくらいに、私たちの人生は記憶に依存している。

なぜ人生が記憶なのだ、人生が記憶だなんて、どうにも納得いかない、という人もいるだろう。では、自分の人生を振り返って、後悔だらけの人生だったという人やそれなりに良い人生だったという人の人生は、いったいどこにあるのだろうか。その人自身の記憶の中にしか存在しないのではないか。

ゆえに、本書では、私が開発した自己物語法と記憶健康法を用いた研究成果をもとに、人生を前向きに生きるためのヒントを提示することにしたい。

記憶健康法などというと、何かいかがわしいもののように感じる人がいるかもしれないが、これは心理学者である私が学会等で発表してきた学術的な知見をもとに考案したものである。

私は20年ほど前に「人はだれも自分の物語を生きている」という前提のもと、心の中に眠っている自伝的記憶を引き出す自己物語法という面接法を開発し、10代から100歳まで数百人の人たちの自己物語を聴取してきた。さらに、記述式の自己物語法も開発し、数千人の自己物語を収集してきた。その成果は、日本心理学会、日本発達心理学会、日本パーソナリティ心理学会等で発表してきた。

したがって、本書で紹介する記憶健康法は、科学的研究に基づくものであり、数千人の人々の語りデータや記述データが、そのベースになっている。

自己物語法を用いて人々の人生の軌跡を探る研究は、これまで20年ほど続けてきたライフワークとも言えるものだが、ちょうど10年ほど前に、ナラティブ（語り）研究の世界をリードしているマクアダムス博士が日本の学会に招かれ、講演のために来日したことがあった。

そのとき、私は立命館大学で研究をしていたため、その学会終了後に、京都で一緒に講演をすることになり、その後の懇親会でもいろいろ話したのだが、私たちはまったく異なる方法で研究をしてきたわけだが、お互いに見出《みいだ》したものはほぼ共通だということになった。

マクアダムス博士は、アメリカの成功者の研究を通して、成功者に共通してみられる性質として、ネガティブな出来事にもポジティブな意味を見出せる能力に注目しているとのことだった。

それは、まさしく私が日本の一般の人々、とくに紆余《うよ》曲折のある長い人生史をもつ中高年の人たちを対象とした自己物語研究で得られた、「前向きに生きている人はネガティブな出来事からもポジティブな意味を読み取ろうとする心理傾向をもつ」という知見と一致するものだった。

そうした知見をもとに考案したのが、本書で紹介する記憶健康法である。

人生を前向きに生きるには、記憶を整理する必要がある。記憶健康法のコツを体得すれば、なかなか思い通りにならない人生でも前向きに生きる勇気が湧いてくる。後ろ向きの人生を送っている人は、記憶とのつきあい方に問題があることが多い。本書を参考にしながら、記憶とのつきあい方を工夫して、ぜひ前向きの人生に変えていっていただきたい。

最後に、本書の構想に共感し、編集の労をとっていただいた角川新書編集長の菊地悟さんに感謝の意を表したい。

目次

第2章 「そのままの自分」でいいわけがない 55

第1章　記憶を制する者は人生を制する

もし記憶がなくなったら……

記憶というのは、私たちにあまりに密着しているため、普段はあまり意識しないかもしれないが、「もし、自分に記憶がなくなったら」と想像することで、改めてその偉大さに気づくことができる。

記憶というと、記憶力の悪さやその衰えを気にする人が多く、私たちの生活のさまざまな局面で記憶が重要な役割を担っているということは、あまり意識されていない。その証拠に、世に出回っている記憶関係の本も、どうしたら記憶力を高められるかといった類《たぐい》のものが圧倒的に多く、そうした本が売れ筋となっている。

だが、記憶は、私たちの生活に潤いを与えてくれる重要な役割を担っている。過去を懐かしんだり、未来を夢みたりできるのも、記憶のお陰である。

本や映画を見て、懐かしい思いに浸ったり、感動し、ときに涙を流したりするのも、自分の過去の経験と重ね合わせることができるからだ。

もし、過去を懐かしむことができなかったら、私たちの人生は、どんなに味気ないものになるだろう。目の前の現実をひたすら生きるだけだとしたら、それはまるで必要な機能を果たすだけのロボットのような生活だ。

過去の記憶が前向きなものに整理されていない人は、過去を懐かしむことができないだけでなく、未来を夢みることもできない。未来予想図は、過去の実績をもとに、思い描かれるものだからだ。

過去の栄光には、誇らしい気分にさせてくれ、自分に自信をもたせてくれる面がある。自分の過去を自慢げに語る人がいる。その人にとって、過去の記憶は、誇りと自信の源泉になっているのだろう。

一方で、過去の栄光を投げやりに、自嘲《じちょう》気味に語る人もいる。今の自分の現実が納得のいかないものである場合、「あの輝いていた頃の自分に比べて、今の自分は……」といった感じに落ち込むことになる。

このように、過去の栄光を誇らしく思ったり、過去を悔やんだりするのも、記憶のお陰である。自分に自信がもてたり、もてなかったりするのも、その根拠は記憶にある。

良いことなど何もなかったという人もいる。だが、私が面接を進めていくと、そんなに悪いことずくめの人生ではないことがみえてくる。

そうかと思えば、客観的な出来事を並べてみると、かなり恵まれない人生であっても、ゆったりと充足した感じで人生を振り返る人もいる。
記憶の中の過去は、非常に主観的に色づけられている。考えてみれば、そもそも幸福感も不幸感も、まさに主観的世界のことである。

気分と記憶の不思議な関係

かつて一緒に旅行をした友だちと、旅行の思い出を語り合っていると、記憶していることがあまりに違うのに驚くことがある。こちらが鮮明に記憶していることについて、向こうはまったく記憶にないという。逆に、向こうが記憶していることをこっちはあまり覚えていない。なぜ、そんなことが起こるのか。

そこには、記憶する人の気分と一致する感情価をもつ事柄が記憶に定着しやすいという、気分一致効果が絡んでいる。

たとえば、こんな心理実験がある。

ある部屋では、楽しいことを思い出させることで、幸せな気分に誘導する。別の部屋では、悲しいことを思い出させることで、悲しい気分に誘導する。そして、それぞれの部屋の人たちに、同じ物語を読ませる。その物語には、楽しいエピソードや悲しいエピソードがいろいろと描かれている。

翌日になって、前日に読んだ物語について、思い出すことを箇条書きでできるだけたくさん思い出してもらった。その結果、楽しい気分で読んだ人と悲しい気分で読んだ人で、思い出すエピソードの量に差はみられなかったが、思い出す内容には顕著な違いがみられた。

楽しい気分で読んだ人は楽しいエピソードを多く思い出し、悲しい気分で読んだ人は悲しいエピソードを多く思い出したのだ。

ここからわかるのは、自分の気分に馴染《なじ》むエピソードは記憶に刻まれやすく、自分の気分にあまり馴染まないエピソードは記憶に刻まれにくい、ということである。

こうした実験結果から言えるのは、記憶というのはとても主観的なものであり、私たちは目の前の現実を自分の気分に合わせて都合よく歪《ゆが》めて記憶しているということだ。

気分が異なれば、同じ物語を読んでも記憶していることが違うのである。同じ話を聞いても覚えていることが違ったり、同じ場に居合わせたはずなのにそこで起こった出来事についての記憶にズレがあったりするのは、そのときの気分の違いによるところが大きいのではないか。

愚痴っぽい人は、ほんとうに嫌な目に遭っているのだろうか？

愚痴っぽい人がいる。会えば必ず嘆きが始まる。こんな嫌なことがあった、こんな目に遭ってほんとうに嫌になるなどと、ネガティブなことばかりを口にする。ポジティブなエピソードについてはめったに語ることがない。

でも、そういう人はほんとうにそんなに嫌な目にばかり遭っているのだろうか。その人の身のまわりでは、ポジティブな出来事はまったく起こっていないのだろうか。

どうもそうではないようだ。家族や職場の人の話を聞くと、その人はけっして嫌な目にばかり遭っているわけではなく、ポジティブな出来事も経験している。愚痴っぽい人は、経験するさまざまなエピソードの中から、わざわざ嫌なエピソードばかりを選んで記憶しているのである。そして嘆く。

しかし、本人にはそんな自覚はない。自分はほんとうに嫌な目にばかり遭っていると思い込んでいる。そこには、先ほど紹介した気分一致効果が絡んでいる。

愚痴っぽくてネガティブな気分で過ごしているから、ネガティブな出来事ばかり記憶に刻む。ポジティブな出来事も経験しているはずなのに、それはあまり記憶に刻まれない。

自分の気分に馴染《なじ》む出来事が記憶に刻まれやすいからだ。

このような気分一致効果は、記銘時（記憶に刻む時点）のみならず、想起時（記憶を引き出す時点）にも作用することがわかっている。そのときの気分に馴染む出来事が記銘される、つまり記憶に刻まれるだけでなく、そのときの気分に馴染む出来事が想起される、つまり記憶が引き出されるのである。

それは、つぎのような心理実験によって証明されている。

実験を受ける人たちの半分を高揚した気分に誘導し、残りの半分の人たちを落ち込んだ気分に誘導する。そうしておいて、「バス」「窓」「靴」といった感情的には中性的（ポジティブな意味もネガティブな意味ももたない）と思われる手がかり語を順々に提示し、そこから連想される日常の出来事を思い出させた。その際、手がかり語から「愉快な経験」を思い出すように求める条件と、「不愉快な経験」を思い出すように求める条件を設定した。

その結果、落ち込んだ気分の人たちは、高揚した気分の人たちと比べて、「愉快な経験」をなかなか思い出すことができなかった。「愉快な経験」を検索するのに時間がかかり、思い出せたエピソードの数も少なかった。だが、「不愉快な経験」を思い出すように求められたときは、容易に思い出すことができた。

ここから言えるのは、思い出すときの気分に馴染むエピソードが思い出されやすいということである。楽しい気分で過去を振り返ると、楽しいエピソードを思い出しやすい。不愉快な気分で過去を振り返ると、不愉快なエピソードを思い出しやすい。沈んだ気分で過去を振り返ると、さらに気分を落ち込ませるようなエピソードを思い出しやすい。

これで愚痴っぽい人の心理メカニズムがわかっただろう。愚痴っぽい人がネガティブなエピソードばかりを口にするのは、日頃からネガティブな気分で過ごしているからだ。そのため、ネガティブな気分に馴染む出来事が記憶に刻まれやすく、またネガティブな気分に馴染む出来事の記憶が引き出されやすい。けっしてほんとうに嫌な目にばかり遭っているわけではない。

反対に、ポジティブな出来事についてあれこれ語ることが多い人がいる。そのような人も、けっして嫌な出来事に遭遇していないわけではなく、日頃からポジティブな気分で過ごしているため、とくにポジティブなエピソードが記憶に刻まれやすく、また想起されやすいのである。

うつ傾向の人は問題解決能力が低いというが……

うつ状態になると問題解決能力が低下すると言われる。また、うつ傾向のある人は超概括的記憶をもつことがわかっている。超概括的記憶というのは、非常に大ざっぱで具体性を欠いた記憶のことである。

記憶というのは、問題解決にとって重要な役割を担っている。そのあたりの関係については、また後で説明しようと思うが、簡単に言えば、こんなことがあったというエピソードに関する具体的記憶が乏しいため、こういった状況ではこうすると失敗しやすい、こうするとうまくいきやすい、この人にはこんなこだわりがあるようだというような想像が働かず、過去経験を問題解決に活《い》かすことができないのである。

そのことを確かめる心理実験も行われている。

自殺未遂を起こした患者たちを対象にした実験で、「引っ越してきたばかりの人が、友だちを求めている」というような社会的な課題を示し、それを解決するための手段をあげてもらった。同時に、感情をあらわす言葉を手がかりにして自伝的記憶を想起する課題も実施し、そこで思い出されたエピソードの具体性がチェックされた。

その結果、想起された自伝的記憶の超概括性の程度の高い人ほど、問題解決のために有効な手段を考えることができないことがわかった。

別の心理実験でも、超概括的記憶しか想起できなかった人たちは、与えられた社会的な問題に対して、有効な問題解決手段を思いつくことができないことが示されている。

うつ気味の人の情緒面に着目すると、気分が沈み、気力が乏しくなっており、冷静さも失っているため、問題解決能力が低くなる、といった面があるのも否定できない。

だが、これらの実験結果をみると、具体的なエピソードが乏しい超概括的記憶しかもたないことが問題解決能力の低下を招いているのは間違いない。

うつ傾向の人はなぜ記憶力が悪いのか？

うつ病患者の記憶力が悪いのはしばしば指摘されることだが、うつ病患者にかぎらず、うつ状態のときには一般に記憶力の低下がみられる。

うつ傾向の強い人は、過去の記憶が非常に大ざっぱで、過去のエピソードを具体的に思い出すことができない。

うつ状態の人は、たとえば「やさしい」という刺激語を提示され、それを連想させる思い出を語ってほしいと言われて、「祖母はいつもやさしかった」のように概括的に語ることはできても、祖母がどのようにやさしかったかを示す具体的なエピソードを思い出すことができない。

「幸せ」という刺激語を提示された場合、多くの人はそれを連想させるエピソード、たとえば自分自身の身の上に起こった幸運な出来事や、家族や恋人に関する喜ばしい出来事を記憶の中から引き出し、具体的に語ることができる。だが、自殺を試みたことのある重症のうつ病患者は、具体的なエピソードをほとんど思い出せないことが報告されている。

なぜ、うつ状態の人は具体的な記憶が乏しく、超概括的記憶をもつのか。

それは、うつには記憶が深く関係しているからである。

うつ傾向と記憶力の関係を調べた心理実験によれば、うつ傾向の強い人はポジティブな内容よりもネガティブな内容の記憶が優れている。

こうした心理傾向は、すでに幼児期から認められる。5～11歳の幼児・児童を対象にしてうつ傾向を測定し、絵物語を読ませてから、その内容について思い出させるという心理実験が行われた。絵物語を読む際に、その主人公が自分自身であるかのように思って読むように求めた。

その結果、うつ傾向の強い子どもたちは、ポジティブあるいはニュートラルな絵物語よりもネガティブな絵物語をよく思い出すことがわかった。

うつ傾向を測定する心理尺度の開発者として有名なベックの認知療法では、うつ傾向の強い人には特徴的な認知の枠組みがあり、それがうつ状態を悪化させると考える。

特徴的な認知の枠組みとは、自分の置かれた状況を悲観的にとらえたり、自分のネガティブな面にばかり目を向けたり、うまくいかないことがあると自分のせいにするなど、ものごとを否定的にとらえる認知傾向をさす。

うつ傾向の強い人は、そうした認知傾向をもつために、過去を振り返ると、思い出すエピソードはネガティブなものが多くなる。ネガティブな出来事の詳細を思い出すと気分が落ち込み、ますますうつ的になってしまう。そこで、具体的な詳細を思い出して気分が落ち込むのを避けるために、記憶の検索を一般的レベルで打ち切るのではないかと考えられる。

このように、うつ傾向の強い人に特徴的な超概括的記憶には、ネガティブなエピソードを具体的に思い出すのを妨害することで気分のさらなる落ち込みを避けるといったメリットがあるわけだ。それによって身を守ろうとしているのである。

自分のものなのに思い通りにならない記憶

ど忘れというのは、だれもが経験することだ。絶対に知っていることなのに、必要なときに思い出せない。

私など、そういったことをしばしば経験する。私は、どうも人の名前や顔を記憶するのが人並み外れて苦手なのだということが、身にしみてわかっている。

たとえば、人と喋《しゃべ》っていて、目の前の相手の名前を思い出せないことがある。知っている人なのはわかるのだが、どうしても名前を思い出せない。改めて名前を尋ねるのも失礼なため、もどかしい思いで会話を続ける。そんなことがしょっちゅうだ。

名前だけならまだよいが、前にも喋ったことのある相手だとはわかっても、どういう素性の人かが思い出せないというような場合、非常にぎこちない会話になってしまう。相手の口ぶりから、以前に会って話したことがあるのは確実で、自分もどこかで会った人だという感じはするのだが、自分たちがどういう関係なのかが思い出せない。そんなときは、さしさわりのない応答をしながら、必死になって自分の中の記憶を検索する。

過去のエピソードについての記憶のことを回想記憶という。回想記憶が苦手という人がいる。

同窓会に出かけて、みんなで学生時代の出来事について話して盛り上がっているのに、ほとんど自分は覚えていない。友だちと食事しながら、前に一緒に出かけた旅行の話をしているとき、友だちの語るエピソードをあまり思い出せず、適当にあいづちを打っている。相手が友だちなら良いが、仕事相手との場で、これまでのエピソードを思い出せないと、仕事上の支障が出てくる。

回想記憶に対して、未来の予定に関する記憶もあり、それを展望記憶という。展望記憶が苦手という人もいる。

会議の予定をうっかり忘れてしまい、電話がかかってきて慌てる。持参しなければならない書類を忘れて取引先を訪ねてしまう。必要な手続きを忘れていることに気づいて慌てる。必要な食材を買うのを忘れ、いざ料理しようと思ったら、食材がないのに気づき、急いで買い物に出る。予定を忘れたり、忘れ物をしたりする点で、回想記憶より展望記憶が苦手な方が仕事などでのダメージが大きい。

私は、回想記憶はわりと良い方で、学生時代の仲間と集まったときなど、昔のエピソードを忘れてしまっている人が多いため、けっこう重宝がられる。私が「こんなことがあった」とエピソードを語るたびに、「そうそう、そんなことがあったな」と懐かしそうに思い出す人がいる一方で、「そんなことがあった？　まったく覚えてない」という人もいる。

記憶力には非常に大きな個人差があるようだ。

私は、回想記憶はわりと良いのに対して、展望記憶が著しく悪い。小学校時代は忘れ物の王者で、教室に貼ってある忘れ物グラフでは2位以下に大差をつけて完全に独走状態だった。翌日の持ち物を指示されても忘れる。宿題を忘れる。それが毎日なため、いつも先生から怒られていた。小学校４年・５年生時の担任の先生はとくに厳しく、毎日何発も殴られていたため、そのうち宿題はやるようになった。

だが、忘れ物や予定を忘れるのは今も変わらない。電車の網棚にカバンやコートを載せて、そのまま忘れて降りてしまうことが若い頃によくあったため、けっして載せないようになった。電車が発車した瞬間に、買ったばかりの物がベンチに置いてあるのに気づき、電車の窓を開けて飛び降り転がったことが、若い頃は何度もあった。ゆえに、極力膝《ひざ》の上に置いたり、隣に置く場合も提げる部分から手を放さないようにしている。出張先でコインロッカーに荷物を入れたまま新幹線に乗ってしまったことも何度もあるため、コインロッカーのカギは新幹線の切符と一緒にしまうように工夫しているので、カギから紙に変わって切符と一緒に財布に入れることができ、便利になった駅もある。

もっていくべき物を忘れることもよくあるため、持ち物は必ず前日に揃えるようにしており、翌日の持ち物でカバンに入らないものは、玄関の靴のそばに置くことにしている。

記憶で困るのは、人と記憶のすれ違いがあったり、大事なことや必要なことをうっかり忘れてしまうだけではない。忘れたいのに忘れられないということもある。

嫌なことを思い出せば気分が沈む。ゆえに、嫌なことはあまり思い出したくない。できることなら忘れてしまいたい。それなのに、ふとした瞬間に脳裏に浮かび、嫌な気分に襲われる。うつ状態をもたらす要因として、嫌なことを反芻《はんすう》してしまう心理傾向がある。嫌なことを反芻したりすれば気分が落ち込むのはわかっているのに、気がつくと反芻している。

トラウマなどという言葉が流行《はや》るのも、嫌な出来事を忘れようとしても忘れられないという人がけっこういることの証拠と言える。

いずれにしても、記憶というのは、自分のものではあっても、どうにも思うようにならないところがある。それで苦しんでいる人も少なくない。

ふとしたきっかけで蘇る記憶

小さい頃に育った街を久しぶりに訪ねたときのことだ。小学校の低学年のときに通った通学路を見つけた。通った小学校はもうずっと前になくなっている。通学路をたどっていくと、当時住んでいた場所に着いた。住んでいたあたりは、まったく様変わりしていたが、すぐ横の児童公園は、ほぼそのままに残っていた。

公園に入ると、ブランコを思い切り漕《こ》いでいたら、手が滑って前方に飛び出してしまい、柵《さく》を越えたところの地面に尻餅《しりもち》をついて、痛みのあまりしばらく動けなかったときの記憶が蘇《よみがえ》った。また、鉄棒で逆上がりの練習を必死になって繰り返したことも思い出した。

公園の横の坂道を下りていくと、その坂道でよく遊んだ記憶が鮮明に蘇った。それは幼稚園への通園路で、その先の横断歩道まで行くと、道を走って渡ろうとして転んで、バイクの前輪に頭を踏まれかけた記憶も蘇ってきた。記憶というのはじつに不思議なもので、何かひとつ思い出すと、そこから連想が働いて、つぎつぎに記憶が掘り起こされていく。

そのようにして、幼児期から児童期初期に過ごした街を訪ねたとき、とても懐かしい気持ちが込み上げてくるとともに、何十年もの間ほとんど思い出すことのなかった記憶が、つぎつぎに蘇ってきた。あたかもその場所に埋められ、隠されていたかのように。

普段思い出すことがなくても、けっして自分の心の中から消滅していたわけではなかったのだ。無意識の中に閉じこめられている記憶があるというのは、否定しようのない事実というしかない。

読書する喜びの中には、小説ならその登場人物の身に降りかかった出来事、エッセイなら作者自身の身に降りかかった出来事を刺激にして、自分の中に眠っていた記憶がふと蘇ってくるということがある。

普段意識に上っている記憶は、私たちの記憶のごく一部に過ぎない。長年生きていれば、いくら汲《く》み上げても汲み尽くせないほど豊かな記憶が、心の中に詰まっているのだ。

こうした自身の経験をヒントに、私は10代から90代までのさまざまな年代の人たちを相手に、自己物語を引き出す面接を実施してきた。それは、個人の生き方の特徴を浮かび上がらせるとともに、本人の自己理解と人生の受容を促進するために私が開発した面接法で、人生を振り返りながら思い出すことを語ってもらうものである。

それによって、普段から気になっていた記憶ばかりでなく、長年忘れていた懐かしい記憶が引き出され、そこから連想が働いて、さまざまな記憶が発掘されていく。連想は、その場で働くだけではない。面接を終え、日常生活に戻ってからも連想が働いて、記憶の発掘は続く。あの後こんなことを思い出したといった報告を次回の面接時に受けることが少なくない。いったん動き始めた連想の力は、本人の意識していないところで絶えず働いており、突然思いがけない記憶が蘇ったりする。

ふとした瞬間に何気なく思い出すことを、心理学では無意図的記憶とか不随意記憶という。プルーストが『失われた時を求めて』の中で記したマドレーヌのエピソードは、まさに無意図的記憶の典型だ。

プルースト自身と目されている主人公が、マドレーヌを紅茶に浸して口にした瞬間、何かわからないが、素晴らしい快感が走り、身震いした。漠然とした心地よさの正体を見極めようと精神力を集中していると、突如として、子どもの頃、よく叔母《おば》が紅茶か菩提樹《ぼだいじゅ》のお茶に浸して差し出してくれたマドレーヌの味を思い出した。さらに、叔母の部屋があった古い家や庭の光景が浮かんできて、それをきっかけに、長年忘れていた当時過ごした村の人々、庭園の花々、川の睡蓮《すいれん》、小さな家々、教会、近郊の風景などが、はっきりとした形をとりながら、その一杯のお茶の中から町となり庭となって現われてきた。

プルーストは、意図的な記憶が過去を歪めているのに対して、このような無意図的記憶、すなわち匂いとか味とかをきっかけにふと思い出される記憶こそが、鮮やかで価値のあるものだという。

映画監督ジャン・コクトーは、子どもの頃に住んだ街を歩いたときのことを記しているが、それも無意識の中に眠っている記憶の発掘に関するものといえる。

子どもの頃に過ごした街に行き、当時住んでいた家を見ても、とくに何も思い出さなかったコクトーは、子どもの頃、学校からの帰り道、いつも近所の街並みを目を閉じて、右手で建物や街灯の柱をなでながら歩いたのを思い出した。そこで、同じように指でなぞりながら歩いてみた。だが、とくに何も思い出すことはなかった。そのとき、あの頃はずっと背が低かったことを思い出し、当時より高いところをなぞっている手が、当時と同じ感触を得るはずがないと気づいた。そこで今度は、腰をかがめて低い位置に指をあて、目を閉じてなぞって歩いた。すると突如として子どもの頃の世界が蘇ってきた。


「蓄音機のレコードの表面のぎざぎざの上を針がこするのと同じ現象によって、わたしは思い出という音楽を聞くことができた。わたしはすべてを再び見出したのだ。わたしの短マント、ランドセルの皮、一緒に通学した友人の名、先生たちの名前、わたしが言ったある文句のそのままや、わたしの祖父の声の響き、彼の口髭のにおい、そして姉さんとママの服地のにおいとを」

（堀口大學・佐藤朔監修『ジャン・コクトー全集第六巻』東京創元社　高橋洋一訳の箇所）

良くも悪くも行動の自動化を担う潜在記憶

身に染みついて無意識化された記憶は、ルーティン化された行動やパターン化された行動、その場その場にふさわしい行動をほぼ自動的に導く。普段意識されない記憶、いわゆる潜在記憶が、私たちの日々の行動を無意識のうちに導いているのだ。

たとえば、毎日のように通っている通学や通勤の経路は、日々の繰り返しを通して記憶に刻まれているため、どの駅で降りるとか、歩いていてもどこをどう曲がるとか、いちいち意識しなくても、潜在記憶が導いてくれる。

考えごとをしながら歩いていたら、いつの間にか家の前に着いていた。そんな経験が、だれにもあるはずだ。潜在記憶のお陰で、日常的に繰り返される行動は、ほぼ自動化されている。ゆえに、いつも通りに行動すればよいときは、潜在記憶に任せていれば問題ない。

だが、帰りに友だちと飲みに行く約束をしており、途中の駅で乗り換えないといけないときとか、最寄り駅から歩いて帰る途中の交差点でいつもと違う方向に曲がって買い物をしなければならないときなど、考えごとをしたりしていると、潜在記憶のせいでいつも通りの経路をとってしまう。

途中の駅で乗り換えて待ち合わせの場所に行くつもりだったのに、気がついたらいつも通り最寄り駅で降りて家に向かって歩いている自分に気づき、慌てる。買い物を忘れ、家にたどり着いてしまい、冷蔵庫の中が空っぽなのに気づく。私など、そのようなことはしょっちゅうだ。

そんなとき、日頃の行動を導く記憶が、自分の心の奥深くに浸透し、無意識化されながらも、いかに強く自分の行動を支配しているかに改めて気づくことになる。

ゆえに、いつもと違う行動をとらなければならないときは、すべきことや行くべき所についての記憶を絶えず意識しておく必要がある。それをうっかり怠ると、つい潜在記憶に動かされてしまうのだ。

心理学者コーエンは、行動の自動化により意図したものとは違う行動をとってしまう失敗の分類をしている。

①反復エラー
②目標の切り替え
③脱落
④混同

ちょっとわかりにくいので、それぞれに相当する、私が経験した失敗の例をあげてみよう。

①お風呂《ふろ》ですでに髪を洗ったのに、うっかりそのことを忘れ、再度髪を洗ってしまった（自動化した行動を反復してしまった）

②仕事帰りに友だちと会うためにいつもと違う駅で降りるはずだったのに、いつもの駅で降りてしまった（自動化に身を任せ、目標の切り替えができなかった）

③炊飯器のスイッチを入れ、ご飯が炊けるのを待っていたが、電源プラグを差し込んでなかった（自動化された行動の一部が脱落してしまった）

④ホテルの室内用のスリッパを履いたままチェックアウトしてしまった（自動化に身を任せることで、スリッパと靴を混同してしまった）

この中で、「脱落」が最も多く、つぎに多いのが「目標の切り替え」だというが、たしかに私も脱落は最も頻繁に経験している。

風呂がなかなか沸かないなと思っていたら、栓はしたのに給湯スイッチを押してなかった。トーストがなかなか焼けないなと思ったら、電源プラグを挿さずにスイッチを入れていた。そんなことがときどきあるが、これは「脱落」に相当する。すべきことの一部が脱落してしまったのだ。スイッチを押すのも、電源プラグを挿すのも、通常いちいち意識せずにすることが多く、ほぼ潜在意識に任せているため、考えごとをしたり、何かで一連の流れを中断させられたりすると、このような失敗が生じやすい。

このような失敗から気づくのは、私たちの日常行動のいかに多くの部分が無意識のうちに行われているかということである。

悔やまれる過去

さて、回想記憶についてもう少し考えてみよう。

過去を悔やむというのは、だれもが経験したことがあるはずだ。そんなのしょっちゅうだという人もいるだろう。私自身、あのときああすれば良かった、あんなこと言わなければ良かったなどと、過去を悔やむことはしばしばある。

そうした過去の出来事に変にとらわれていると、今に集中できないため、仕事でも家事でも十分に力を発揮できなかったり、不注意なミスを重ねたり、人間関係でも十分な注意を払えなかったりして、悔やまれる過去は自分の足を引っ張る忌まわしいものとなる。

悔やまれる過去を思い出し、嫌な気分になって落ち込むばかりでは、自分の過去は振り返りたくないもの、思い出したくないものといった感じになってしまう。それでは過去の失敗を活かすことはできないし、豊かな過去の記憶から懐かしさや癒《いや》しを得ることもできない。

トラウマという言葉が巷《ちまた》に広まっているが、思い出すと酷《ひど》く嫌な気分になる記憶、消してしまいたい記憶というのは、けっこう多くの人が抱えているものだ。私の調査でも、「過去を思い出しては後悔することがある」という人は67％、「過去にとらわれていると感じる」という人は52％、「消してしまいたい過去がある」という人は67％などとなっている。

だが、悔やまれる過去、忌まわしい過去も、うまく整理できれば、それにポジティブな意味を与えることができる。悔やまれる過去や忌まわしい過去から何らかの知恵や教訓を引き出すこともできるだろう。その経験を今後の人生に活かしていくこともできる。思うようにいかなかった過去の出来事からどんな意味を引き出すか。そこが人生の分かれ目となる。

人間関係も仕事も記憶が基本となっている

人間関係の悩みは尽きないが、だれとどのようにかかわったらよいかを考える際には、相手ごとのエピソード記憶を参照することになる。

エピソード記憶とは、いつどこでどんなことがあったというような具体的なエピソードについての記憶である。

この人とはかつてこんなやりとりがあった、この人はよくこんな反応をする、といったエピソード記憶を活用することで、目の前の人とどうかかわればよいかを瞬時に判断することになる。

私たちは、日々の人間関係において、エピソード記憶を頼りにかかわり方を決めるのであり、エピソード記憶がうまく整理されていないと、それを活用することができず、かかわり方を誤ってしまうことにもなりかねない。

エピソード記憶を活かせないと、恋人や配偶者とのかかわりの中で相手の気持ちを逆撫《さかな》でするようなことを繰り返し言ってしまったり、仕事で同じような失敗を繰り返してしまったり、取引先の担当者を怒らせるような対応を繰り返してしまったりする。

こうするとうまくいかない、こうすれば気持ちよく接することができる、これはあの人にとっての地雷となる、といったエピソード記憶をヒントに自分の出方を調整する必要があるのだが、それがうまくいくのはエピソード記憶のお陰といえる。

過去の出来事を振り返る習慣がなく、エピソード記憶が整理されていない人は、過去の経験を今に活かすことができない。

記憶が自分の世界をつくっている

人生史を中心とした記憶についての研究をしているせいか、記憶のことでよく相談されたり質問されたりする。若い頃と比べて物忘れが酷くなったとか、ど忘れが目立つようになってきたなどといって、記憶が混濁したり、エピソード記憶が失われたりする記憶の病を恐れる人が多いようだ。

高齢化により認知症がよく話題になるためか、自分の記憶力の減退や記憶の混線に不安を感じる人が非常に多いように思われる。

記憶が乱れたり失われたりすることをなぜそれほどまでに恐れるのか。それは、自分の記憶が乱れたり失われたりすることは、自分が生きている世界の崩壊、つまりは自己の崩壊を意味するからだ。

私たちは、日々の出来事やそれにまつわる思いを記憶に刻む。そのようにしてつくられる記憶を自伝的記憶という。

自伝というと、歴史上の人物、だれもが知っている著名人が書いたものであって、自分たちには無縁のものだと思われるかもしれない。だが、私たちは、毎日その日の出来事を自伝に書き込むようにして暮らしているのである。というよりも、その瞬間瞬間に、経験した出来事やそれにまつわる思いを自伝的記憶に刻んでいる。

私たちは、自伝を書くようにして日々の生活を営んでいるのである。自分の人生の軌跡は、すべて記憶の中にある。人生はすべて記憶とともに進行しているとも言える。

自己のアイデンティティも記憶によって支えられている。

人と出会って、知り合っていく際に、自分をわかってほしいと思えば、これまでに自分が経験したことのうち、自分らしさを最もよくあらわすエピソードを探して語る。自分らしさというのは、私たちの記憶の中で、具体的なエピソードの形で保存されている。

私は、自己物語の心理学を提唱した際に、そのあたりの解説をしているので、引用しておこう。

「人はそれぞれに自分の物語を生きている。私たちは、数え切れないほどの過去経験を背負って生きているけれども、自分の人生を振り返るとき、またそれを人に語るときに想起されるのは、私たち自身が今抱えている物語的な文脈と矛盾しない出来事や経験に限られる。私たちは、日々新たな経験を重ねていくわけだが、個々の出来事はすでに私たちが抱えている物語的文脈の枠組みに沿って意味づけられ、自分史の中に書き加えられていく。物語的文脈なしに私たちの自己を語ることなどできないし、私たちの自己は形をとることさえできない。このような意味において、私たちの自己とは物語であり、私たちのアイデンティティは物語として保証されているのである。自己とは物語であり、自己の探求は自己物語の探求にほかならない」

（榎本博明『〈私〉の心理学的探求――物語としての自己の視点から』有斐閣）

ここでは自己物語というとらえ方を提唱しているが、それは自伝的記憶が自叙伝のように物語形式に綴《つづ》られていることを意味している。

エピソード記憶を失うことは自分を見失うこと

実際にエピソード記憶を失うとどのようなことになるか。現実に起きた衝撃的な事例についてみておこう。


「ぼくが病気になって、どれくらい経つのかね？」

「四ヵ月《フォー・マンス》よ」

（中略）

「そうか、ぼくはそのあいだずっと意識がなかったというわけだ！　意識を失うというのがどういうことか、きみにはわかるかね？　……ええっと、どれくらいだったかな？」

「フォー・マンスよ」

「……四ヵ月という意味かね？　それとも何ヵ月もという意味かね？」

「四ヵ月という意味よ」

「ぼくはそのあいだ、何も聞こえず、何も見えず、なんのにおいもせず、何も感じず、何も触れなかった。で、どれくらいだったかね？」

「四ヵ月よ」

「……四ヵ月！　まるで死人だ。そのあいだずっと、意識がなかったんだから。それで、どのくらいだったかね？」

「四ヵ月《フォー・マンス》よ」

（デボラ・ウェアリング、匝瑳玲子訳『七秒しか記憶がもたない男』ランダムハウス講談社）

　ウイルス性の発熱と頭痛によって重篤な記憶障害を起こした夫とその看護をする妻の会話である。一瞬前のこともすぐに忘れてしまうため、こうした会話が果てしなく繰り返されることになる。

　重度の記憶障害ではあっても、失われたのはエピソード記憶であり、意味記憶、たとえば言葉の意味に関する記憶はしっかりと保たれているため、日常会話をするのに問題はなかった。もちろん、数秒前の会話さえも忘れてしまうのだから日常会話に支障をきたすわけだが、言葉はしっかり理解するし、とりあえず対話することはできた。

　また、手続き記憶もしっかり保たれており、楽譜を読みながら歌ったり、楽器を演奏したりするなど、音楽的スキルは障害を受けていなかった。

このようなエピソード記憶の失われ方から、記憶のメカニズムを端的に知ることができる。

　発病以来、新たに記憶に刻む能力が失われ、直前の会話内容さえ忘れてしまうのだから、発病後の出来事はまったく記憶できない。

　それに加えて、発病前にもっていた記憶も失われていった。だが、それは最近のものから失われていくため、たとえば自分に子どもがいることは覚えていたが、もうすでに大人になっている子どもたちは、彼の記憶の中では幼児だった。最近のことは何も覚えていないのに、子どもの頃の家族の名前はちゃんと覚えていた。育った場所、戦争中に疎開した場所、防空壕《ぼうくうごう》があった場所など、幼児期の生活に関する記憶は残っていた。最近知り合った人のことは覚えていないが、何年も前からの知り合いの顔を見れば、知っている人だと認識することができた。

　不思議なことに、エピソード記憶の中でも、具体的な内容は失われても、一般的なものはかろうじて保持されていた。たとえば、自分が既婚であることは覚えていても、結婚式のことは覚えていない。自分が音楽家であり指揮者であることは覚えていても、どこでコンサートをしたなどといったことは一切思い出せなかった。

自分がだれであるか、どのような人生を送ってきた人物なのか、そういった自己のアイデンティティが記憶によって保たれていることを端的に教えてくれるのが記憶障害の事例である。

この事例ほど極端でなくても、認知症的な徴候をだれもが恐れるのは、それが自分自身の喪失につながりかねないからだ。

人生の意味も記憶が与えてくれる

生きる意欲が湧いてくるのも、生きる幸せを感じるのも、息苦しさを感じるのも、絶望を感じるのも、記憶のなせるわざである。

生きる勇気を与えてくれる記憶、心の支えになる記憶もあれば、思い出すだけで嫌な気分になり気力を萎《な》えさせる記憶もある。温かい気持ちに浸れるため反芻したい記憶もあれば、気分が落ち込むから絶対に反芻したくない記憶もある。

記憶がなかったら、自分の人生に対する評価も感情もない。いわば、幸も不幸も記憶しだいといってよい。

日々自分がしていることが無意味に感じられれば、やる気が湧いてこないのも当然で、困難にぶつかったらすぐに挫《くじ》けてしまうだろう。日々自分がしていることに意味を感じることができれば、困難に負けずに頑張ることができる。

芸術家やスポーツ選手、あるいは芸人や職人として身を立てたいと思う人が、厳しい修業に耐えて頑張り続けることができるのは、厳しい修業に夢の実現のための手段としての意味を感じているからだ。そこには、自伝的記憶の過去から未来にわたる展望が深くかかわっている。

日々の生活に意味を感じられないことほど苦しいことはない。いわゆるアイデンティティの拡散だが、それは自伝的記憶がうまく整理されていないことを意味する。そこでの課題は、思い通りにならない出来事や悔やまれる出来事などネガティブな出来事にもポジティブな意味をみつけるなどして、自伝的記憶を前向きな流れのもとに整理することである。

記憶とのつきあい方にはコツがある

世知辛い世の中だし、生きづらさを感じている人も多いのではないかと思うが、私ほど息苦しい状況を生き続けてきた者は、そう多くはないのではないか。そのように自分では思っている。

おそらく生きづらさを意識するようになったのは、小学生の頃だったように思う。なぜかクラスに居場所のない感じがあり、結果的にはみ出し者同士で仲良くなっていった。居場所のない感じは、それ以来ずっと私につきまとっている。

元来放浪癖があったようである。すでに幼稚園に上がる前の幼子の頃から、ひとりで行方不明になり、電車に乗って終点の駅で保護されるということがしばしばあったらしい。

高校では文系志望を理系に変更し、大学では理系から文系に移り、就職してからも何度も退職や転職を繰り返してきたのにも、居場所のない感じが関係しているように感じる。職場を居場所と感じないため、無用なトラブルに見舞われることもあったが、生きづらい状況を何とかいつも前向きに生きてくることができたように思う。

そんな自分を振り返るときに感じるのが、記憶とのつきあい方にはコツがあるということだ。なぜかそれを心得ているために、どんなに嫌なことがあっても、切羽詰まった状況に追い込まれても、前向きな展望を見失うことなく、淡々と歩みを進めてこられたのではないだろうか。

居場所のなさと並んで、生きづらさを生んでいるのが、物忘れの酷さだ。とにかく何でも忘れてしまう。前にも例をあげたが、前日にもってくるように言われた持ち物を忘れる。宿題を忘れる。それがほぼ毎日だ。帰りに雨がやむと、傘を教室に忘れる。朝、家を出る前に、油性ペンで「カサ」と手の平に大きく書いておいても、帰りがけに手の平を見るのを忘れる。

そうした心理傾向は今でもほとんど変わらない。会議の時間を忘れる。喫茶店で取材を受けることになっていたのに、約束の時間に家で仕事をしていて、電話がかかってきて慌てる。名古屋《なごや》で仕事を終えた翌日、新幹線の改札を通ろうとすると遮断され、帰りの切符を前日の日付で買っていたことに気づく。名古屋に行くつもりで大阪に行ってしまう。大阪で仕事を終えた後、広島に行く予定だったのに、東京行きの新幹線に乗ってしまう。わざわざスーパーに買い物に行ったのに、雑誌の立ち読みをして帰ってしまう。そのようなことが日常的に起こるのだから、我ながら呆《あき》れる。

ただし、子どもの頃と違うのは、自分の記憶の弱点を自覚しているため、仕事絡みで極力支障が生じないように、さまざまなリスク回避の対策をしていることだ。そのお陰で、これまで何とかなっている。

記憶のもつれをほぐすことで、人生は前向きに変わる

記憶、とくに自伝的記憶がぼやけているという人がいる。自伝的記憶とは、自分の人生史のことであり、自分の存在証明のようなものである。それがぼやけているということは、自分を、自分の人生を受け入れていないことを暗示している。

そのような人も、記憶の扱い方を習得すれば、記憶をもっと有効に活かせるようになり、自己受容も進み、人生を前向きに歩むことができるようになるはずだ。

嫌な出来事を消化せずにいると、自伝的記憶がぼやけてくる。なぜなら、ある出来事の記憶は、その当時のさまざまな出来事と記憶のネットワークでつながっているからである。うっかりその時期の記憶を引き出したりすると、そこから連想が働いて、忌まわしい出来事の記憶にたどり着き、嫌な思い出が蘇ってしまう危険がある。だから、できるだけ過去を振り返らないようにする。そのうちに自伝的記憶がぼやけてくる。とくにその問題となる時期の記憶がすっぽり抜け落ちたりする。

私が自己物語面接を継続的に行った人の中に、小学校時代の記憶がまったく抜け落ちているという人がいた。それなのに、もっと昔の幼稚園時代の記憶は、部分的にではあるが、

けっこう鮮明に思い出すというのだ。常識的に考えれば、昔のことほど思い出しにくいはずだ。

このことが暗示しているのは、小学校時代に何かとても嫌なこと、なかなか消化することのできないほど嫌なことがあって、無意識のうちにその頃のことを考えないようにして生きてきたということだ。

実際、面接の進行とともに、小学校時代にとても衝撃的なことがあり、思い出さないようにしていたことがわかってくる。ただし、その当時の本人には、とても消化することのできないものであったため記憶に蓋《ふた》をしてしまっていたが、人生経験を積んだ今なら消化可能だったりする。ゆえに、良い聴き手とともに振り返ることで、ネガティブな出来事にも今後につながるポジティブな意味を見出《みいだ》すことができるかもしれない。

過去を閉ざした生き方をしていると、未来展望まで閉ざしてしまう。未来の理想や予想は、過去の記憶に基づいて描かれるからだ。どうせ生きるなら、未来に希望をもちたい。そのためにも、過去の記憶を整理し直すことが大切となる。

自伝的記憶がぼやけると、未来展望が閉ざされるだけでなく、自伝的記憶から学ぶことができない。それも生きていく上で大きな損失である。

自伝的記憶には、さまざまな状況にどう対処すべきかのヒントがいっぱい詰まっている。自伝的記憶がモヤモヤしてはっきりしないということは、せっかくの貴重な体験から生きるヒントが得られないということでもある。

人生長く生きていれば、身に降りかかってくる出来事にしろ、人間関係の構図にしろ、似たような状況に遭遇することは意外に多い。そのとき、初めてのように対処する人と、かつての経験を参考にして対処する人では、対処能力に差が出るのは当然だ。

いつも似たような愚痴をこぼしてばかりいる人がいるものだが、そこには自伝的記憶から学ぶことをしていないといった問題が潜んでいるのではないだろうか。

自伝的記憶を振り返ると気持ちが暗くなるのでは、と不安な人もいるだろう。そう思うのは、認知と感情がもつれているからだ。そこを整理するところから始めてみよう。

記憶を制する者は人生を制するといっても過言ではない。

もちろん記憶を完全に制することなどできないし、人生を制するなど到底無理な話かもしれない。だが、記憶とのつきあい方を変えることで、人生を変えることができる。

日々の生活に張り合いが感じられない人。虚《むな》しい気分に浸りがちな人。生きづらさを感じている人。もうちょっとマシな人生にならないものかと思う人。自分の人生をもっと輝かせたいと思う人。もっと前向きに生きられたらどんなに良いだろうと思う人。充実した日々を送りたいと思う人。そんな人は、記憶とのうまいつきあい方を工夫してみる必要がある。

第2章　「そのままの自分」でいいわけがない

過去に蓋をするのでなく、過去を塗り替える

思い通りにならないことばかりの人生だと嘆く人が多い。

気がつくと、これまでに経験した嫌なことばかり思い出して落ち込んでいる自分がいるという人は、失敗したときのことや嫌な思いをしたときのことを思い出すと気分が落ち込み、元気がなくなるから、思い出したくないのだが、いつの間にかそうした記憶を反芻《はんすう》しているのだという。

そのせいで、すべてに消極的になってしまう。失敗した記憶や頑張ってもうまくいかなかった記憶ばかりがあるから、何をするにも「どうせうまくいくわけがない」と投げやりになってしまうのだという。

そして、「自分はダメ人間だ」「何をやっても中途半端になってしまう」「こんな自分が嫌でたまらない」と嘆く。できることなら人生をやり直したいけど、今さらどうにもならないしと、諦《あきら》め顔で語る。

ほんとうにどうにもならないのだろうか。

過去のことを思い出すと気分が落ち込むから、過去は振り返らないようにしているとい

う人もいる。それもひとつの自己防衛の手段だが、自分史を振り返れない人生というのもちょっと淋《さみ》しい。過去を平気で振り返り、自分を語ることができる人を羨《うらや》ましく思うこともあるのではないか。

たしかに人生は思い通りにならないことだらけだ。何もかも思い通りになっているなどという人はいないはずだ。だれもが悔しい思いをしたり、辛《つら》い思いをしたり、腹立たしい思いをしたり、悔やんだりする記憶をたくさん抱えている。

それでもそんなに防衛的にならずに、前向きに暮らしている人もいる。記憶とのつきあい方が上手なのだろう。

自分の過去とは、自分の成立基盤であり、今の自分の成り立ちを説明する材料が詰まっている。そこには自分の原点が含まれている。それに蓋《ふた》をして、自分の過去の記憶とのふれあいを断ち切るということは、自分自身を見失うことにつながる。

そこで考えるべきは、過去に蓋をするのではなく、過去についての記憶を塗り替えることだ。

私たちの生活は記憶に支配されている

私たちの生活は、あらゆる面で記憶に支配されている。

対人関係も、これまでの対人関係の記憶の蓄積をもとに取り仕切られる。友だちと親しくつきあった記憶がないと、友だちづきあいに消極的になる。友だちに裏切られた記憶があると、友だちに対して警戒心をもつため、なかなか親しくなれない。仲良くなった友だちといつの間にか疎遠になった記憶があると、友だちと仲良くなり始めるにつれて、「自分なんかといてもつまらないのではないか」と対人不安に脅かされるようになる。

初対面の人と話す場面で、ガチガチに緊張してうまく話すことができずに困った記憶があると、初対面の人と会うと思っただけで緊張してしまい、よく知らない人がいる懇親会などはつい欠席してしまう。就職しても、周囲の人たちと雑談することへの苦手意識が強いため、仕事に取り組んでいるときは気が楽でも、休み時間になるとぎこちなくなり、トイレに逃げ込んだりしてしまう。取引先を訪問しなければならないときなど、緊張のあまりお腹が痛くなったり、腹を下したりしやすい。

勉強や仕事も、これまでの仕事や勉強の実績についての記憶によって取り組み姿勢が決まってくる。

いつも成績が悪く、いくら勉強してもみんなにかなわず、成績が一向に改善されなかった記憶があると、勉強しないといけないとは思っても、どうせできるようになるわけがないと思ってしまうため、なかなかやる気になれない。

同僚がつぎつぎにノルマ越えを果たしているのに、自分はいつもノルマを達成できないというような記憶があると、「自分はダメだ、みんなと違って仕事ができない」といった思いに駆られ、自己嫌悪に陥りがちなため、新たな期になってもノルマを達成できる気がしない。その結果、頑張る意欲が湧いてこない。

ここで必要なのは、自分の過去のネガティブな記憶を前向きな気持ちになれるように整理することである。

過去についての記憶が変われば生まれ変われる

自分の過去を受け入れることができない人は、自分に自信がもてず、自分に対してばかりでなく、現実に対しても、他者に対しても、肯定的なまなざしを向けることができない。

そのため人と心の交流をもったり信頼関係を築いたりするのが難しく、将来に対しても明るい展望が描けない。

心理学者のキャンベルとフェールは、自分に自信のない人は他者の視線を実際以上に悲観的に見積もる心理傾向をもつことを実証してみせた。

その心理実験では、まず自己評価を測定してから、初対面の相手と15分間会話をしてもらった。その後、相手の性格について評価してもらった。また、自分の性格について相手がどのように評価したかを推測してもらった。

その結果、自己評価の高い人物は相手による評価をほぼ正確に推測できるのに対して、自己評価の低い人物は相手による評価を実際よりかなり低めに見積もる傾向があることが示された。ここから、自己評価の低い人は、相手から向けられる視線をネガティブな方向に歪《ゆが》めて受け止める傾向があることがわかる。

このように、過去の自分についての記憶が自信のなさにつながり、さらにそれが人間関係や自分の置かれた状況を悪化させる方向に作用するのであれば、何とかして記憶を整理し直す必要がある。

自分の過去についての記憶が変われば、対人関係や仕事に対する姿勢も変わり、それによって現実生活に変化が生じ、未来予想図もポジティブな方向に変わっていくはずである。記憶の変容は、自己の変容、すなわち人生の変容をもたらす。自分の過去についての記憶を前向きに整理できれば、まったく趣の異なった人生を歩む別人に生まれ変わることができるのである。

今の自分が嫌と言いながら、自分を変えようとしない

自分の毎日の生活がパッとしないとか、外で人と一緒にいれば気が紛れるが家に帰ってひとりになると気分が落ち込み憂鬱《ゆううつ》になるなどと言いながら、何も生活を変えようとしない。そんな人があまりに多い。

自分が嫌だと嘆きつつ、そんな自分を変えようという動きがない。これではいつまでたっても憂鬱な毎日から抜け出すことはできない。

そのような人は、自分のことを嘆きはするが、自分と向き合うということがない。テレビを見たり、音楽を聴いたり、ネットで検索したり、ゲームをしたり、ＳＮＳでやりとりしたりと、気を紛らすことをするばかりで、自分と向き合わない。まるで自分と向き合うことを避けるかのように、気晴らしに没頭し続ける。

「人間は意味を求める存在である」とし、意味を感じられないことからくる空虚感が多くの現代人を苦しめているとした実存分析の提唱者である精神科医フランクルは、気晴らしによって虚《むな》しさに直面することから逃げている人があまりに多いとし、気晴らしの弊害を指摘している。

家に帰ると、すぐにテレビをつける。パソコンを立ち上げる。虚しさに、つまり納得のいかない自分自身に直面するのを避けるべく、ひたすら気晴らしに走る。スマートフォンの登場が、そうした傾向に拍車をかけている。

電車の中でも、家にいても、スマートフォンを手放せない。絶えずいじりながら、自分と向き合う瞬間をことごとく避けている。それによって、自分の中の虚しい思いに直面せずにすむ。暗黒の裂け目に吸い込まれそうな恐怖を味わわないですむ。

気晴らし的な娯楽の場や道具がつぎつぎに開発されることで、自分と直面する機会が奪われる。そのせいで自分を変えるチャンスも逃すことになる。

「そのままの自分でいい」という悪魔の囁き

そうした気晴らし的な娯楽に加えて、「そのままの自分でいい」「無理しなくていい」という心のケアの決まり文句が、後ろ向きに開き直る人物を大量生産している。

ありのままの自分を受け入れる、つまり自己受容が、前向きに生きる上で重要な意味をもつのは言うまでもない。

だが、それは、まだ未熟で至らないところもたくさんあり、理想にはほど遠いが、日々一生懸命に頑張って健気《けなげ》に生きている自分を認めてあげよう、まだまだ未熟だからといって責めるのはやめよう、そのままに受け入れよう、という意味である。

そのまま成長しなくていい、今のままでいいというのではない。そのままでいい、変わる必要はないというなら、いつまでたっても傷つきやすい心を抱えて、事あるごとに酷《ひど》く落ち込み、いったん落ち込むとなかなか立ち直れず、そんな自分に自己嫌悪して、うつうつとした人生をずっと送り続けなければならない。

それでいいのだろうか。そんな人生を望むだろうか。できることなら、ちょっとしたことでいちいち傷ついたり落ち込んだりしないですむように、もっと前向きに生きられる強い心、傷つきにくい心を手に入れたいと思わないだろうか。

そもそも「そのままの自分でいい」「無理しなくていい」という心のケアの決まり文句は、心が酷く傷ついて病理水準にあるときに、こんな状態で頑張れというのは酷だということで、現実生活から緊急避難させて一時的に保護するためのものだ。

それを日常場面に当てはめる風潮が広まったせいで、日頃から努力することも頑張ることもせず、自己コントロール力を高めることもせず、弱く未熟で傷つきやすい自分をそのままに生きている人が目立つようになった。

心が鍛えられていないため、ちょっとしたことにも酷く傷つく。何かにつけて自信がない。自信がなく不安が強いため、他人の何気ない言葉や態度を必要以上に気にする。嫌なことがあるたびに大きく落ち込み、前に進めなくなる。前向きに頑張ることができないため、パッとしない人生になる。その結果、不満や愚痴だらけになり、自分に嫌気がさしてくる。

心が鍛えられていないためにレジリエンスが低いのだ。

レジリエンスとは、復元力と訳され、元々は物理学用語で弾力を意味するが、心理学では回復力とか立ち直る力を意味する。もう少し具体的に説明すると、レジリエンスとは、強いストレス状況下に置かれても健康状態を維持できる性質、ストレスの影響を緩和できる性質、一時的にネガティブ・ライフイベントの影響を受けてもすぐに回復し立ち直れる性質のことである。

要するに、嫌なことがあったときはだれでも落ち込むが、そこからすぐに立ち直れるか、長く尾を引くかは、レジリエンスしだいというわけだ。

どうしたら打開できるかわからないような困難な状況に置かれれば、だれだって心に負荷がかかり、落ち込んだり、悩んだり、絶望的な気持ちになったりする。でも、そこで諦めて投げやりになったり、落ち込んでばかりいても、状況の改善は望めない。ますます自分が追い込まれ、悲惨な気持ちになるだけだ。

そこで問われるのがレジリエンスである。困難な状況にあっても、心が折れずに適応していく力。挫折《ざせつ》して落ち込むことがあっても、そこから回復し、立ち直る力。辛い状況でも、諦めずに頑張り続けられる力。

このようなレジリエンスが欠けていると、困難な状況を耐え抜くことができない。そんなときに口にするのが、「心が折れた」というセリフだ。レジリエンスの高い人は、どうにもならない厳しい状況に置かれ、気分が落ち込むことがあっても、心が折れることはなく、必ず立ち直っていく。

スポーツ選手が大ケガをしたとき、「ケガが治るまでは筋トレや練習のことは忘れてゆっくり休んでなさい」というのは間違っていない。だが、ケガが治った後や、そもそもケガをしていない選手にまで、「筋トレや練習のことは忘れてゆっくりしなさい」などと言うだろうか。そんなことを言っていたら力のある選手は育たない。

ゆえに、大切なのは、「そのままの自分でいい」「無理しなくていい」といった緊急時の心のケアのセリフを平常時に適用しないことだ。そして、レジリエンスを高めるべく、心を強くする工夫をすることだ。その際に、記憶とのつきあい方が重要な鍵《かぎ》を握ることになるのである。

自己コントロール力が人生の成功を導く

ＥＱという言葉を聞いたことがあるだろう。ＩＱばかりを重視する風潮に対して、ＩＱが高いだけでは社会で成功できないとして、心の知性の重要さを説いたのが、心理学者のゴールマンである。元々は情動的知性（ＥＩ）という言い方をしているが、翻訳書ではＩＱと対比させるためにＥＱと訳され、心の知能指数と言われるようになった。

ゴールマンは、ＩＱの高い人が必ずしも成功しなかったり、平均的な知能の人が大成功したりする背景にはこのＥＱが働いており、それは先天的素質に規定されやすいＩＱと違って努力次第で高めることができるという。

アメリカでは能力主義が徹底的に浸透し、知的能力が人生を大きく左右する。貧富の差は日本の比ではなく、知的能力いかんで将来の生活水準は極端に違ってくる。そのため知的能力の獲得や出世のための競争が非常に激しく過酷な社会と言える。そんなアメリカでも、学力だけでは活躍できないとして、心の知性、いわゆるＥＱの大切さを見直そうというのである。

ＥＱというのはアメリカから入ってきた考え方だが、優秀な学力だけでは社会に出てから活躍できないというのは、むしろ人間関係の影響力の大きい日本の社会にこそよく当てはまるものといえる。ゆえに、今やＥＱは教育の世界だけでなく、ビジネス界でも注目されている。

では、ＥＱとは、具体的にどのような能力を意味するのか。それは、自省、熱意、忍耐、意欲、共感など、机上の学習では身につかない能力のことである。

心理学者のサロヴェイとメイヤーは、ＥＱの要素として、感情コントロール力、感情の理解と分析、感情による思考の動機づけ、感情の知覚・評価・表出能力をあげている。

ゴールマンは、自分自身の感情を知る能力、感情をコントロールする能力、自分を動機づける（やる気にさせる）能力、他人の感情をコントロールする能力、人間関係をうまく処理する能力をあげている。

自分の心の状態を知る能力。自分の中に生じた激情を抑えたり、コントロールしたりする能力。ものごとを楽天的にみて落ち込まない能力。好奇心を絶やさない能力。意欲的にものごとに取り組む能力。自分を奮い立たせる能力。人の気持ちに共感する能力。人を嫌な気持ちにさせたりせず、人の気持ちをケアする能力。人と協調する能力。友だちと楽しくつきあう能力。このようなＩＱでは測ることのできない能力がＥＱである。

結局、人生で成功するためには、必要に応じて自分の心をコントロールする能力が必要不可欠だというわけだ。いくら知的能力が高くても、やたら感情的になったり、忍耐力がなかったり、やる気が乏しかったり、人とうまくかかわれなかったりしたら、せっかくの知的能力も活《い》かすことができない。

２０００年にノーベル経済学賞を受賞したヘックマンも、社会に出てからの成功にとって重要なのは、ＩＱに代表される認知能力を高めることだけではなく、忍耐力、協調性、やる気などの非認知能力を高めることだということを主張している。そうした非認知能力が高いほど学歴、持ち家率、収入が高く、生活保護受給率や犯罪率が低いといった実証的データがあるのだ。

このような非認知能力を高めるためにも、記憶とのつきあい方の工夫が大いに貢献できるはずである。

落ち込みやすく傷つきやすい自分を脱する

心のケアのセリフに平常時から馴染《なじ》んでしまっては、どんどんレジリエンスの低い人間になり、忍耐力、協調性、やる気、感情抑制力などの非認知能力が低下してしまう。傷つきやすく、何かにつけて落ち込んだり、ヤケになったり、頑張らねばならない局面でもやる気が湧いてこなかったり、すぐに諦めたり、人とうまくやっていけなかったりして、仕事でも私生活でも苦労しなければならない。

実際、軽いうつが、現代型うつなどと呼ばれて、目立つようになっている。本人はほんとうに落ち込んで辛いのだろうが、多くの人がそれほど反応しないようなことにも過敏に反応してしまう。それで本人も大変な思いをするのだが、周囲も迷惑を被る。

ちょっとしたことで傷ついたという心の傷シンドロームともいうべきものも増えている。他の人なら傷つかないようなことにも酷く傷ついてしまう。その結果、被害者意識が高まり、自分の受け止め方の過敏さは棚上げして、他罰的になりやすい。本人が辛いのは事実としても、何気ない言動に傷ついたとされては、周囲も対応に困ってしまい、ときに腫《は》れ物に触るような扱いになる。

いずれにしても、このような落ち込みやすく傷つきやすい心を抱えていては、仕事面でも躓《つまず》きやすいし、人間関係もぎくしゃくしてしまう。その結果、自分の世界を狭めてしまう。

その落ち込みやすい心の構え、傷つきやすい心の構えを何とかする必要がある。そこにも記憶の整理の仕方が関係している。そこを変えなければ、苦しい心理状況から脱することはできない。

何かと落ち込んだり傷ついたりするのは、他人が悪いわけでもなく、自分が悪いわけでもない。記憶システムが悪いのだ。だから、そこを変えれば、タフな心が手に入り、前向きの人生に転換できる。

自分をダメにしない発想の転換

これでわかっていただけたかと思う。「そのままの自分」ではダメなのだ。自分の心を鍛えることをしないと、ちょっとしたことにも傷つきやすい人間、いざというときにも頑張ることのできない人間になってしまう。そうなったら、だれよりも本人が一番辛いはずだ。

同じような目に遭っても、立ち直れないほどに傷つき落ち込む人もいれば、飄々《ひょうひょう》と乗り越えていく人もいる。できることなら、立ち直れないほどのダメージを負って苦しい世界で足踏みするより、前向きに乗り越えていきたいものである。

「そのままの自分でいい」「頑張らなくていい」式の心のケア文化の中で甘やかされてしまうと、現実においてちょっとした困難にぶつかるたびに苦しむことになり、意味ある人生を切り開く力のないひ弱な人間になってしまう。

それは、一見大事にされているようでありながら、じつは人間としての成長の機会を奪われている。心地よく前向きに生きていく人生を手に入れるチャンスを奪われているのである。

ここは一念発起して、自分を成長軌道に乗せるべきだろう。そのためにも、自分をダメにしない発想の転換が必要だ。

記憶のあり方を変えれば、落ち込みにくい自分になれる

そこで必要なのが、自己改造である。そのための効果的な方法が、第4章以下で具体的に示していく記憶健康法だ。

改めて念を押しておくが、それは記憶との健康なつきあい方であって、記憶力を高める方法ではない。

記憶健康法とは、記憶をうまくコントロールし、使いこなして、イキイキとした、また安定感のある、前向きで健康な人生を導くための方法である。

ちょっとしたことで傷ついたり、うつ的な気分に落ち込む人が急増している。いったん沈み込むとなかなか浮上できないという人も少なくない。そうした徴候も、記憶のあり方に問題があるのだ。

記憶健康法を習得して、記憶を整えることができれば、傷つきにくく落ち込みにくい心が手に入る。どんなときも前向きの気持ちを失わず、頑張ることができるようになる。

人生とは記憶である。

すでに述べたように、自分に価値を感じるのも感じられないのも、自信がもてるのもも

てないのも、すべては記憶しだいである。

何とかなるさと楽観できるのも、どうにもならないような悲観的な気分に襲われるのも、記憶しだいである。

明るい展望を描くことができるのも、描くことができずに閉塞感《へいそく》に苛《さいな》まれるのも、記憶しだいである。

他人を信頼できるのも、だれに対しても不信感が拭《ぬぐ》えないのも、これも記憶しだいである。

何もやる気がしないというのも、人生に前向きになれないというのも、自分に自信がもてないというのも、すべては不健康な記憶に支配されているからである。

自分の人生は挫折だらけ。自分の人生はどうにもパッとしない、もっと輝きたい。将来に何も希望がもてない、明るい展望がない。こんな状態から脱するには、記憶システムを健康なものに変えていく必要がある。

たとえば、記憶を整える必要がある。そして、記憶へのアクセスの仕方を調整していく必要がある。

今すぐ記憶健康法を実践して、前向きの人生を手に入れよう。

第3章　記憶は「今の自分」を映し出す

人生とは自伝的記憶を生きること

「自分の人生、いったい何だったんだろう？」

といった思いがふと脳裏をよぎることがある。何かで行き詰まりを感じるときだ。そんなときは、ほぼ自動的にこれまでの人生を振り返っているものだ。

自分はどんな人生を歩んできたのだろうと自らに問いかけるとき、私たちは記憶をたどることになる。自分の人生は、自分自身の記憶を掘り返すことによってしか理解することはできない。

私たちの記憶の中には、物心ついてからのありとあらゆる出来事やそれにまつわる思いが刻まれている。そこにまた、日々新たな経験を刻み込んでいく。

自叙伝というと、著名人にしか縁のないものと思われるかもしれないが、すでに述べたように、じつはだれもが自叙伝を綴《つづ》るように日々の経験を記憶に刻みながら生きているのである。そのようにして綴られ、日々更新されていく記憶のことを、自伝的記憶という。

アルバムを引っ張り出し、小学生時代の遠足の写真や運動会の写真、家族旅行の写真を見ていると、当時の出来事がいろいろと思い出されてくる。高校時代のアルバムを開くと、当時の友だちとの間の出来事が懐かしく思い出される。アルバムには、自伝的記憶を喚起する力がある。

子どもの頃に使っていた野球のグローブを見ると、少年野球をしていた頃の出来事がつぎつぎに思い出されてくる。若い頃に、ひとり旅したときに買ってきた置物や瓶に詰めた砂を眺めていると、旅先で出会った仲間たちとの記憶が蘇《よみがえ》ってくる。思い出の品も、懐かしい思いと同時に自伝的記憶を喚起する。

若い頃に日記をつけていたという人は少なくないが、大人になって忙しい日々を送るようになるにつれて、いつの間にか日記をつける習慣がなくなっていることが多い。引っ越しで荷物の整理をしているときなど、数十年ぶりに昔の日記を発見し、パラパラめくってみると、自分自身の人生についての再発見があるものだ。

日々の出来事やそれにまつわる思いを綴った日記は、まさに自伝的記憶の素材の宝庫である。自分の若き日の日記を読むのは何とも気恥ずかしいものだが、そこには久しく思い出すことのなかったかつての自分が息づいている。

自伝的記憶は何歳まで遡れるか

あなたの人生も、自伝的記憶として心の中に保たれている。そのことを理解していただけたと思う。では、目をつぶって、心のスクリーンにあなたの自伝的記憶を映写してみよう。どんな場面の記憶が浮かんでくるだろうか。

それは、ごく最近のことかもしれないし、若かりし頃のこと、あるいは幼い頃のことかもしれない。そこから連想が働き、つぎつぎに懐かしい記憶が蘇ってくるだろう。

懐かしい思いに浸っていたい気持ちもわかるが、そこからさらに記憶を遡《さかのぼ》ってみることにしよう。映画やビデオの映像を逆送りするときのように。

映像を逆送りという心の作業は、瞬時にはできないので、根気強く時間を遡るように試みてほしい。しばらくすると、より昔の記憶が浮かび上がってくるはずだ。そのままずっと遡っていくと、いったいどこまでたどり着けるだろうか。

それは、「最初の記憶」として心理学の世界で研究されているが、概《おおむ》ね3歳くらいまで記憶を遡ることができることがわかっている。

心理学者ダディカたちは、最も早い時期の記憶をたどっていくと、その平均月齢は42か月前後となることを見出《みいだ》した。同じく心理学者ハリデイも、最早期記憶の平均月齢は39か月程度であると報告している。

私も、さまざまな年代の人々数千人を対象に、最初の記憶について調べてきた。もちろん記憶には大きな個人差があり、小学校時代のことさえほとんど思い出せないし、10歳以前のことなどまったく何も思い出せないという人もいるものの、多くの人の最初の記憶は3、4歳の頃の出来事についてのものとなっている。

たとえば、つぎのようなものが最初の記憶としてあげられた。

「お父さんとお姉ちゃんと私で、原宿《はらじゅく》を歩いていた。小さかった私は、すぐ足が疲れて、お父さんに『しんどい』と言って迷惑を掛けたのを覚えている。あのときは、せっかく東京に行ったのだから、たくさん観光したかったけど、お父さんとお姉ちゃんについて行くのに必死だった。(3、4歳頃)」

「幼稚園で竹馬が何日練習してもできなかったが、やっとできたときのこと。自分の力でできたという達成感があって、嬉《うれ》しかった。(4歳頃)」

「幼なじみと2人で昼寝をしていたとき、目が覚めてしまい、母親がいなかったので起きあがって母親のもとへ行った。そのときに母親が『どうしたの?』と言い、私は『目が覚めちゃったの』と言った。そのようなやりとりをしたと思う。目が覚めたとき、夏の夕方で、窓から見える夕日、オレンジ色に照らされた部屋がきれいで、そばには仲の良い幼なじみがいて、隣の部屋には家事をしている母親がいる。安心感に包み込まれるような、やさしい気持ちで思い出す。（3歳頃）」

「母親とデパートに買い物に行き、途中ではぐれ、はじめはすぐ見つかると思い安心していたが、時間が経つにつれてだんだん不安になり、『どうなってしまうんだろう』『母じゃないだれかに育てられることになるんだろうか』とすごく不安になったことを覚えている。一瞬ではあったけど、今後の自分の生き方を考えたのを覚えている。すごく怖かった。今でも、そのときのことを思い出すとすごく怖くなる。あのときのすごく困った気持ちが今でも蘇る。（3歳頃、幼稚園に入る前）」

「妹が生まれて、そのとき母がいなくて淋《さみ》しくて泣きながら祖母と一緒に寝ていたことを思い出す。（3歳頃）」

では、自伝的記憶はなぜ3歳くらいまでしか遡れないのか。それには認知能力の発達が関係しているようだ。心理学者フィバッシュたちの研究によれば、2歳になると人から尋ねられれば以前の経験について思い出すことはできるが、自分自身をひとつの物語をもった存在としてとらえることはできない。

自伝的記憶というのは、自分を主人公とする、まとまりをもった物語である。ゆえに、物語を生み出す認知能力の発達と並行して、自伝的記憶は３歳くらいから徐々にできあがっていくというわけだ。

私が行った最初の記憶についての調査では、出産のために母親が不在で祖父母のもとで過ごしたときの記憶を、淋しかった気持ちとともに報告するケースがけっこう多くみられた。

心理学者シャインゴールドたちは、３歳以前に弟妹が生まれた大学生と、４歳以降に弟妹が生まれた大学生に面接調査を行っている。その結果、４歳以降に弟妹が生まれた者で当時のことを覚えていないのは39人中わずか１人なのに対して、３歳以前に弟妹が誕生した者のほとんどが当時のエピソードをまったく記憶していないことがわかった。

ここから、弟妹の誕生という印象的な出来事であっても、３歳になる前に起こった場合は、自伝的記憶に組み込まれにくいことがわかる。この結果は、３歳くらいになると物語を生み出せるようになるという認知能力の発達と一致するものである。

自伝的記憶のバンプ現象

最近のことほどよく覚えており、昔のことになるほど思い出せなくなる。それが記憶の一般法則だ。実際、自伝的記憶に関する調査を行うと、ある言葉を手がかりとして想起されるエピソードは新しいものが多く、昔のことほど想起されにくい。

たとえば、去年の夏休みにどこに行ったか、一昨年《おととし》の夏休みにどこに行ったかはすぐに思い出せても、10年前の夏休みにどこに行ったか、20年前の夏休みにどこに行ったかは、なかなか思い出すことができないだろう。

ところが、自伝的記憶には例外があることがわかった。最近のことほどよく思い出されるという一般法則に則《のっと》った傾向の他に、10代～20代の頃の出来事がそれ以降の出来事よりも多く思い出される傾向がみられるのである。

40歳以上の人たちを対象とした調査結果をみると、最近のことほどよく思い出すという全体的な傾向はみられるものの、例外的に10代～20代の頃のことはよく思い出す。そのため、想起量のグラフを描くと、10代～20代のあたりが盛り上がる。これを自伝的記憶のバンプ現象、あるいはレミニッセンス（回想）・ピークという。

なぜ10代〜20代の頃のことをよく思い出すのだろうか。それは、今の自分の成り立ちをうまく説明するエピソードがとくに選ばれて自伝的記憶をつくりあげていくという原理があるからだ。10代や20代は、広義の青年期にあたり、自己を確立し、自分を社会に押し出していく時期である。その時期には、その後の人生を大きく方向づける出来事が立て続けに押し寄せる。ゆえに、10代から20代の頃の自伝的記憶には、人生上の重たいエピソードがたくさん詰まっている。

友だち関係がどのようだったか、とくに親友ができたとか、孤立気味だったとかいうことが、その後の人生における対人関係のあり方に大きく影響する。恋愛や失恋の経験は、その後の異性に対する姿勢に影響するだろう。受験の成否は自信の程度を決定づけるし、どんな学校に通うかは友人関係も含めて価値観や生き方に大きな影響を及ぼすはずだ。どんな仕事に就くかも、その後の人生を大いに左右することになる。結婚するかどうか、どんな相手と結婚するかといったことも、その後の人生を大きく方向づける。

このように、10代〜20代には、親友との出会い、恋愛・失恋、受験・進学、就職、結婚など、その後の人生を大きく左右する出来事が集中している。それらは人生観や人間観を揺さぶり、人生行路を方向づけるものとなり、今の自己の成り立ちを説明するのに不可欠なエピソードとなる。そのためによく覚えているのである。

「自分らしさ」をよくあらわしている出来事を記憶する

自分の人生を振り返るとき、よく思い出す事柄には共通点がある。それは、自分らしさをよくあらわしているということだ。もちろん、これまでの人生を振り返れば、さまざまな出来事が思い浮かぶ。相互に関連しない出来事もいろいろ思い出す。だが、それぞれが、自分らしさに通じる何かをもっているように感じられる。

精神分析学者の岸田秀《きしだしゅう》は、事情あって隣の家に養子に出されたようだが、実母の家に行って母親のオッパイに吸いついたら兄にどけられたという幼児期記憶があるという。そのとき、その母は実母なのだが、戸籍上は母親ではないわけだから、自分には権利がないんだと思ったという。

ここで不思議なのは、母親のオッパイに吸いつくような年頃の子が、戸籍上の権利などということをはたして考えるだろうかということである。まずあり得ないだろう。となると、この岸田氏の幼児期記憶の中の光景は、ほんとうに当時の出来事に基づいているとしても、そのときの思いはもっと後につくられたものと推測すべきだろう。記憶の素材は当時のものであっても、その意味づけは後に行われたのではないだろうか。

私たちの記憶は、今の自分を説明するものとしてつくられている。世界の起源を説く創世神話のように、私たちは今の自分の成り立ちをうまく説明できるような物語を求めているのである。

自分の成り立ちを説明する物語のことを、私は自己物語と呼んでいる。幼児期、児童期、青春期、そして大人になって社会に出てからも、私たちは無数の出来事を経験している。だが、日々経験するすべての出来事をずっと記憶しているわけにはいかない。そこで、とくに今の自分を説明するのに都合の良い出来事が選ばれて記憶され、自己物語を構成しているのである。

長く生きていれば、いろんな経験をする。だれだって、人に親切にした経験もあれば、気持ちに余裕がなく人をぞんざいに扱ってしまった経験もあるだろう。それなのに、自分を親切な人間だと思っている人は、だれかに親切にしたときのエピソードをとくによく覚えている。一方、自分を冷たい人間だと思っている人は、だれかに冷たい態度をとってしまったときのエピソードをとくによく覚えている。

同じく、だれだって頑張った経験もあれば、怠惰に過ごしてしまった経験もあるのではないか。ところが、自分は頑張り屋だと思っている人は、さまざまな頑張ったエピソードをよく覚えている。一方、自分は頑張るのが苦手な人間だと思っている人は、頑張ったこともあるはずなのに、そういったエピソードはあまり覚えていない。

こうしてみると、自伝的記憶には自分を知るヒントがいっぱい隠されていることがわかる。自分がどんなことをとくに記憶しているかを探ってみることで、自分らしさがみえてくる。

個人心理学を提唱したアドラーは、自分自身を理解するための最大の助けになるのは記憶であるという。アドラーは、人生で遭遇するさまざまな課題を解決するための独自な対処法のことをライフスタイルと呼ぶ。個人に特有の生きるスタイルのことである。そして、個人の記憶はライフスタイルによって決まってくるとし、それを消化にたとえている。

つまり、自分のライフスタイルの口に合わない記憶は捨てられたり、忘れられたりして、ライフスタイルの口に馴染《なじ》む記憶だけが消化され、自分のものとして蓄えられるという。記憶というのは、どんな些細《ささい》な事柄と思われるものであっても、本人にとっては記憶する価値のあるものなのである。自分にまつわるエピソードが語られるとき、重要なのはエピソードそのものではなくて、そのエピソードがとくに記憶され、想起され、語られたということなのだ。そのエピソードが、その人の人生の流れの中で重要な位置を占め、人生の意味を暗示するものであるからこそ、わざわざ記憶され、想起され、語られるのである。

今の生活に不満な人の自伝的記憶は暗い

自伝的記憶が自分らしさをあらわすのなら、過去の自分をめぐる記憶と今の自分の間には密接な関係があることになる。

私は、多くの人たちの自己物語を聴取してきたが、これまでの人生を悔やんでいる人も少なくない。そのような人は、自分の生い立ちを否定的に語る。

自分は過去の生い立ちが不幸だったから、こんな不甲斐《ふがい》ない人生を送ることになった。過去を振り返っても、嫌な思い出ばかりで、良い記憶が何もないし、こんな暗い過去を抱えた人間が幸せになれるわけがない。そんなふうに開き直る人がいる。

そのように言う人の頭の中には、過去の生い立ちが今の自分を導いている、過去の記憶が今の自分の生きる世界を色づけている、といった発想が染みついている。もちろん私たちの現在、そして未来は、物心ついて以来の自己形成史に負っている部分が少なくない。ゆえに、そのように考えるのは、けっして間違いとはいえない。むしろ、多くの人が共有する常識的な見方といってよいだろう。

だが、私たちは、過去に縛られているだけの存在ではない。逆方向の影響もある。私たちの現在の心のあり方が、私たちの過去の風景を決定するといった側面だ。

心理学者ルイスとフェアリングは、そのことを証明しようと試みた。幼児期に親との愛着関係の状態を評価された子どもたちが成長し、大学生になったときに、現在の適応状態を調べると同時に、自分の幼児期を回想させ、評価させた。

その結果、青年たちによる自分の子ども時代の評価は、実際に子ども時代に評価された親との愛着関係の良否とは関係がなく、むしろ現在の適応状態と関係していることがわかった。

つまり、幼児期に親との愛着関係が不安定とみなされた人物が、安定しているとみなされた人物と比べて、自分の幼児期を不幸だったとか不安定だったと回想するかというと、そのようなことはなかった。

結果をみると、自分の幼児期を否定的に回想する人物は、肯定的に回想する人物と比べて、現在の生活に適応していないといった傾向がみられたのだった。ここからわかるのは、自分の幼児期をどのように回想し、評価するかは、実際に幼児期がどうだったかよりも、現在の生活がどうであるかによって決まるということである。

　これは、私たちが現在の視点から過去を再構成していることの証拠といえる。現在の自分自身の心理状態が、過去の振り返り方を決める。

　つまり、回想することで引き出された自伝的記憶には、現在の自分のあり方が色濃く反映されているのだ。ゆえに、自伝的記憶を掘り起こすことは、自己理解を深めることにつながっていく。

自伝的記憶は現在の自分を映し出す

　結局、記憶というのは、過去の自分を映し出すものであると多くの人は思っているだろうが、じつは現在の自分をも如実に映し出しているのである。

　こうしてみると、自伝的記憶を固定的にとらえるのは間違いであることに気づく。今の自分が変われば、自分の過去をめぐる自伝的記憶が変わる。自伝的記憶が変われば、今の自分も変わる。そこに好循環が生じることが期待される。

　自分の過去についての記憶は、かつての自分のみならず、現在の自分を反映している。このことは、自分の過去に対する態度と現在の適応状態の関係にもはっきりとあらわれている。

私が実施した自分の過去への態度と現在の適応状態に関する調査の結果をみても、現在の適応状態が良好であるほど、自分の過去への態度が肯定的であった。

もう少し具体的にみていくと、現在の自己評価の高い人ほど自分の過去への態度は肯定的であった。すなわち、自己評価の高い人ほど、自分の過去が好きであり、自分の過去に満足している。反対に、自己評価の低い人ほど、過去を思い出しては後悔することがあるという。

また、現在悩みごとがあるという人の方が、自分の過去への態度は否定的であった。すなわち、悩みごとのある人の方が、過去を思い出しては後悔することがあり、過去にとらわれていると感じ、自分の過去が好きでないという。

そして、自尊心の高い人ほど、自分の過去への態度は肯定的であった。すなわち、自尊心の高い人ほど、自分の過去に満足しており、自分の過去が好きであり、自分の過去の出来事を想起するのが好きであった。反対に、自尊心の低い人ほど、過去を思い出しては後悔することがあるという。

さらに、うつ傾向のある人ほど、自分の過去への態度は否定的であった。すなわち、うつ傾向の高い人ほど、自分は過去にとらわれていると感じ、過去を思い出しては後悔することがあり、消してしまいたい過去があり、自分の過去に満足していない。

人からどうみられるかなどが過度に気になって、人前に出ることに対して不安を感じることを対人不安というが、これも自分の過去への態度と関係していた。つまり、自分の過去を肯定している人ほど対人不安は弱く、自分の過去を拒否したり、自分の過去にとらわれている人ほど対人不安は強かった。

こうした調査データが暗示しているのは、私たちの記憶は過去ばかりでなく現在の心理状態を色濃く反映しているということである。

私たちの過去は、現在の自分の中にある

そうなると、私たちの記憶というのは、はたして過去に属するものなのか、それとも現在に属するものなのか、いったいどちらなのだろうといった疑問が湧いてくる。

そのような疑問に明確に答えを与えているのが、宗教者として自らの魂の遍歴を綴った『告白』で知られる神学者アウグスティヌスである。アウグスティヌスは、すでに1600年も前に、現代の記憶心理学に大きな示唆を与えるような記憶論を提示している。

アウグスティヌスは、過去―現在―未来を貫いて持続する自分自身の記憶について、つぎのように述べている。

私たちは、記憶の広大な広間で自分自身に出会い、自分がかつて何を、いつ、どこでやったか、そのときどんな気分だったかを思い出す。そこには、自分自身で直接体験したものから、他人から聞いて信じたものまで、覚えていることすべてが含まれる。この莫大《ばくだい》な蓄えの中から、自分で経験したものや他人の言葉を信じたもののイメージを取り出し、過去のものごとに結びつけ、また未来の行為や出来事や希望をも考慮に入れて、これらのものごとをあたかも現在あるもののように考える。

アウグスティヌスは、つぎのような問いを発する。

「過去の自分のかなしみをいまよろこびながら記憶するという場合、心はよろこびをもち記憶はかなしみをもつとは、いったいどういうことでしょうか。心がよろこぶのは心のうちによろこびがあるからなのに、記憶のほうは、そのうちにかなしみがあるのにかなしくないとは、どうしたわけなのでしょうか。記憶は心に属さないとでもいうのでしょうか。だれがそんなことをいうことができましょう。

ですから、きっと、記憶は心の胃のようなものであり、よろこびやかなしみはいわば甘い食物と苦い食物のようなものなのでしょう。記憶にゆだねられると、いわば胃の中に送りこまれたようなもので、そこにたくわえられることはできても、味わわれることはできなくなるのです。（中略）ちょうど食物が胃から反芻《はんすう》によってとりだされるように、おそらくこれらのものも、想起によって記憶からとりだされるのでしょう。」

（アウグスティヌス、山田晶訳『告白』山田晶責任編集『世界の名著　14　アウグスティヌス』中央公論社所収）

　ここには、記憶されている内容の意味は、記憶された当時の心によって味わわれるのでなく、想起される時点の心によって味わわれるのだとする視点が読み取れる。１６００年も前の記述でありながら、想起されるものは以前に記憶されたものがそのまま貯蔵され、必要に応じて引き出されるとみなす20世紀の科学的心理学の知見をはるかに超えている。

　さらにアウグスティヌスは、私たちは未来や過去を思うが、そうした未来や過去があるのは現在であると指摘する。私たちが過去について語るとき、記憶から引き出されるのは、過ぎ去ってしまった事柄自体ではなく、足跡のように現在の心の内に刻みつけられているイメージである。

「たとえば私の少年時代は、もうないものであって、もうない過去の時のうちにありますが、しかも私はその心象を、その時代を想起し物語るときには、現在の時においてながめています。」(同書)

ここで言っているのは、自伝的記憶を想起しつつ人に語るとき、それぞれの出来事が起こったときの視点ではなく、今の視点から想起され、語られるということである。つまり、それぞれの出来事が起こった時点における味わいが語られるのではなく、回想している今の時点における味わいが語られる。

自分の日記を読み返して感じる気恥ずかしさや懐かしさ、後悔の念や自己嫌悪が、当時の自分のものではなく、日記を読み返している今の自分のものであるのは言うまでもない。

私たちは、記憶は過去に属するものと考えがちだが、じつは記憶というのは想起している今の自分の評価的な視点から再構成されたものであり、現在に属するものなのである。

このことが本書で説いていく記憶健康法の前提となる。

「うつ」も「希望」も記憶が連れてくる

楽しかったときのことを思い出すと気分が上向きになる。一方、嫌な出来事を思い出すと気分が沈む。その場合のポジティブな気分もネガティブな気分も、記憶が引き連れてきたわけである。記憶には気分を喚起する力がある。

うつというのは気分の病気とされるが、これは記憶と気分の悪循環がもたらすものとみることができる。

嫌な出来事を思い出すと気分が沈む。これは、だれもが日常的に経験してきたことのはずだが、嫌な記憶がネガティブな気分をもたらすといった流れである。

一方で、気分が沈むと、過去の嫌な出来事ばかりが思い出されてくるということがある。これは、第1章で紹介した気分一致効果に関する実験でも実証済みだが、ネガティブな気分が嫌な記憶を引き出させるといった流れである。

うつになりがちな人は、このような記憶と気分の悪循環に陥っているとみなすことができる。ゆえに、こうした悪循環を断ち切ることが必要となる。そのためにも自伝的記憶をポジティブな意味合いのものへと整理しておくべきだろう。

受験で失敗したときのことを思い出すから春が嫌いだという30代の女性がいた。春が近づくと、周りの人たちは、「もうすぐ春だなあ」「今年は桜はいつ頃咲くんだろう」などと嬉しそうに言うけれど、私の桜は咲かなかった（合格できなかった）、そのせいか毎年春が近づくと気分がうつになるのだという。15年も経っているのに、未《いま》だに受験の失敗を引きずっているのである。ここにも記憶と気分の悪循環が明らかに作用している。

それを断ち切るには、忌まわしい記憶を多少なりともポジティブな意味合いのものに整理しておく必要がある。その際のヒントを与えてくれるのは、ネガティブな記憶についても前向きな雰囲気で語れる人だ。

同じように受験の失敗について語るにも、もっと前向きな語り方をする人もいる。ある40代の男性は、つぎのように語った。どの大学の合格者リストにも自分の受験番号がなく、浪人が決まったときには、目の前が真っ暗になったし、結局翌年も志望校に合格できず、不本意入学となった。しかし、あの予備校時代と大学時代があったから今の自分がある。そこで知り合った友だちと語り合った日々はかけがえのないものだし、あの予備校に通い、あの大学に入学しなければ得られなかったものだ。受験の失敗は、自分の能力の限界を思い知らされる辛《つら》い出来事ではあったけど、自分の生き方や将来について真剣に考えるきっかけにもなった。といっても、たいしたことを考えたわけではないが、頑張っても思い通りにいかないこともあるということ、人生の壁を知ったというか、自分は一直線に進んでいく人間じゃない、人生には紆余《うよ》曲折あり、壁に突き当たったら回り道を探せば何とか自分の道ができていく、そんなことを思いながら生きてきた。

過去の重たい挫折《ざせつ》体験を振り返って、このように語ることのできる人は、ネガティブな出来事を明るい色に塗り替えるのに見事に成功している。

人生は思い通りにならないことだらけといってよい。思い通りにならないことの連続だという人もいるだろう。そんな中、困難にもめげずに前向きに生きている人は、このようにネガティブな出来事にも明るい色づけができる人だといえる。

記憶がポジティブな意味合いをもつものになれば、上向きの気分が喚起される。上向きの気分でいれば、気分一致効果により、ポジティブな出来事が記憶に刻まれやすいし、またポジティブな記憶が想起されやすい。ポジティブな記憶が想起されれば、気分も上向く。そうした好循環が、希望に満ちた前向きの姿勢をもたらしてくれる。

トラウマ神話の弊害

近頃、「トラウマ」という言葉を安易に使う人が目立つ。実際、私が自己物語を聴取する面接をしていても、トラウマという言葉をしばしば耳にすることがある。そもそもトラウマというのは、心に深い傷を残すような深刻な出来事を指すものであり、ちょっとショックを受けたくらいのことでトラウマになったりはしない。

なかには壮絶な境遇を生き抜いてきて、深刻なトラウマを抱え、それに脅かされている人もいる。だが、自分が現在不幸なのは若い頃の経験がトラウマになっているからだという人たちの話を聞くと、たいていはそこまで深刻なものとは思えない。むしろ、トラウマ神話とでも言うべきものにとらわれることで、自伝的記憶を暗い色に染め上げ、そのせいで人生に前向きの姿勢が取りにくくなっていると思わざるを得ない。

ひと頃広まったアダルト・チルドレン神話も同じだ。アダルト・チルドレンというのは、元々はアルコール依存症の親によって虐待を受け、親に守られて子どもらしく育つことができなかった人物を指す用語だった。だが、この言葉が広まるプロセスで、親が親役割をしっかり担うことをしなかったため、幼少期から過度の責任を負わされ、親の顔色を窺《うかが》いながら負担を掛けないように心がけなければならず、子どもらしい無邪気な幼少期を過ごせなかった人物といった意味合いをもつようになった。

親子関係の様相は、じつにさまざまである。親が精神的に未熟だったり、経済的に苦しく稼ぐのに必死だったり、あるいは自分が輝くことで頭がいっぱいだったりして、子どもにとってよき保護者ではなかったというのは、けっして稀《まれ》なことではない。

問題なのは、何をやってもうまくいかない自分、どうにも好転していかない現状を前にして、それを不幸な生い立ちのせいにすることだ。

自分の今の暮らしが良くならないのは、アダルト・チルドレンだからだ。生い立ちのせいで、不幸な人生になってしまった。このような因果論を採用してしまうと、将来展望も暗いものにならざるを得ない。過去が悪いから現在が悪い、現在が悪いから未来が悪い。これでは永遠に立ち直れない。

不幸な生い立ちだからといって、だれもがみな不幸な現在を生きているというわけではないし、将来を悲観しているわけでもない。過去の影響、生い立ちの影響はだれもが受けるものだが、そのとらえ方しだいで今が変わり、未来が変わる。

ある40代の女性は、自分もまさにアダルト・チルドレンだという。自己チューで家族に対する愛情のかけらもない自分勝手な父親と、子どもや夫へのやさしい気遣いはあるものの情緒的に未熟で自分のことで精一杯な母親のもとで育った。幼い頃は父親が怖かったが、小学生くらいになると気持ちの上では見限っていた。父親を怒らせないようにビクビクする母親、父親の酷《ひど》さを嘆き、ときに涙を流す母親をみて育つことで、自分の感情を抑えるようになった。自分が負担をかけたら、それでなくても不安定な母親が潰《つぶ》れてしまう。そう思って、甘えられない子どもになった。親子の役割が逆転しており、まさにアダルト・チルドレンの典型といえる。

だが、この女性は、このような生い立ちのお陰で自立心が身についたという。周囲には大人になっても甘えが強く、自立できない人が多い中、甘えたり頼ったりすることなく、何でも自分でしようとする姿勢が責任感につながり、職場で信頼を得てきた。また、人間関係が良好で、どんな相手ともうまくかかわっていけるのも、親の顔色を窺って育つことで人に対する気配りができるようになったためだという。頼れるのは自分だけという気持ちが強く、人を心から信頼できない、どんなに親しくなっても甘えられないし気を許せないという淋《さみ》しい自分の問題を薄々感じてはいるものの、社会生活はすこぶるうまくいっているという。

この事例からも明らかなように、生い立ちは客観的な形で記憶を形成するのではない。心の中で意味づけされながら記憶となっていくのである。同じような生い立ちも、その意味づけの仕方しだいで、明るい未来を呼び寄せる記憶にもなれば、暗い未来を呼び寄せる記憶にもなる。

トラウマ神話やアダルト・チルドレン神話が罪なのは、今の不遇を生い立ちのせいにすることで、過去を否定的なものとして固定し、不遇な現状から脱することができるという希望を奪ってしまうことだ。

大切なのは、不幸な生い立ちからも、今の自分につながる肯定的な意味を読み取ることである。それによって未来への希望がみえてきて、今を前向きに生きる力も湧いてくる。

私たちが生きているのは「事実の世界」でなく「意味の世界」

ここで改めてわかるのは、私たちが生きているのは事実の世界でなく意味の世界だということである。もちろん人生において身に降りかかる事実が基本なわけだし、事実は関係ないというのではない。だが、私たちが事実を経験するとき、じつは事実そのものではなく、事実のもつ意味を経験するのである。

似たような境遇にあっても、前向きな気持ちで日々を過ごしている人もいれば、愚痴っぽくうつうつとした日々を過ごしている人もいる。境遇そのものが問題なのではなく、自分の境遇をどう意味づけるかが問題なのである。私たちは、現実そのものを生きているのではなく、現実が自分にとってもつ意味の世界を生きている。

ある企業で働く人たちを対象に意識調査を実施した際に、面白いことがわかった。同じ職場で同じ業務を担当していても、給料が安いとか残業が多いとか仕事にやりがいがないなど会社や仕事に対する不満が多い人がいる一方で、お客さんから直接反応があるからやりがいがあるとか自分の成長につながっていると感じるなどと満足感を示す人がいるのだった。

現実のもつ意味というのは、結局のところ本人が感じ取るものである。客観的な職場環境や業務内容が問題なのではなく、それらを本人がどう受け止めるかによって、仕事生活の意味が決まるのである。

人生の意味も同じだ。自分はろくな人生を生きていない、こんな人生には意味など感じられないと、日々の生活の虚《むな》しさを嘆く人がいる。なんでこんな人生に追いやられてしまったのかといった絶望的な気持ちに陥っていたりする。だが、その人の人生そのものが悪いわけではない。その人が自分の人生にポジティブな意味を見出せずにいるところが問題なのだ。自分の人生に対して、「意味がない」とか「虚しい」といった意味づけをしているのは、紛れもなく本人自身なのである。

人生は思い通りにならないことの連続だ。プライベートや仕事上の人間関係、勉強面や仕事面の実績など、思い通りにならなかったさまざまな出来事を経験し、後悔や挫折感を味わうものだ。だが、大事なのはその先だ。それぞれの思い通りにならなかった出来事からどんな意味を汲《く》み取るか。それによって、過去のもつ意味が違ってくるし、自伝的記憶の雰囲気が違ってくる。

自分の生い立ちをどう意味づけるか、自分の人生の意味をどうとらえるかは、結局のところ自分しだいなのである。生い立ちそのもの、人生そのものに元々の意味があるわけではない。自分がどのような意味を与えるかによって、生い立ちの意味、人生の意味が決まってくる。ゆえに、自分の視点が変われば、経験した事実は変わらなくても、自伝的記憶のもつ雰囲気がネガティブなものからポジティブなものへと変わるのは十分あり得ることなのである。

過去は塗り替えることができる

このように自伝的記憶というものは、けっして過去の時点で固定されたものなどではなく、現在の自分の視点からつくられたものなのである。このことは、とても重要なことを私たちに教えてくれる。

それは、自伝的記憶は書き換えることができ、私たちは自分の過去を塗り替えることができるということである。

私たちの記憶が教えてくれる自分の過去の姿は、今の自分の視点からみたものにすぎない。ゆえに、今の自分の心理状態が変わり、違った視点で振り返るようになると、自分自身の過去のみえ方が違ってくる。

自伝的記憶は、たしかに自分の生い立ちを軸にして、自分の成り立ちを説明する記憶であり、自分らしさをあらわすものである。ただし、それはそれぞれの出来事が起こった過去のさまざまな時点の自分のものなのではなく、振り返っている今の自分のものである。

たとえば、現在適応している人が不適応な人よりも自分の過去に対してポジティブな記憶を抱えているのも、記憶が現在を映し出すからである。

そこでわかるのは、今あなたが抱えている自分の過去についての記憶は、あり得るさまざまなバージョンの中のひとつに過ぎないということである。振り返り方によって、同じあなたの過去の事実群をもとに、何通りもの自伝的記憶を紡ぎ出すことができる。振り返り方を変えれば、今とはまったく趣の異なる自伝的記憶をもつことができるのだ。

カウンセリングで自己観が変わって生まれ変わるときも、何らかの衝撃的体験や運命的な出会いによって新たな気づきを得て人生観が変わるときも、新たな視点による自伝的記憶の書き換えが行われるのである。

カウンセリングを受けたからといって、これまでに経験した出来事を経験しなかったことにできるわけではない。経験しなかった出来事を経験したことにすることもできない。それでもカウンセリングで人は立ち直ることができる。生まれ変わることができる。それは、これまでの人生を振り返り、意味づける視点が変わるからである。

では、次章以降で、前向きの人生にしていくには記憶をどのように整理していけばよいのかをみていくことにしよう。

第4章　前向きになるための記憶健康法

心の中に刻まれている言葉を書き換える

他人の人生を羨《うらや》みながら、自分の人生のみじめさを嘆く人がいる。

ある人は、自分が育った家庭では、いつも父と母の間で怒鳴り合うような口論が絶えず、幼い頃から気持ちが落ち着かなかったという。そんな家庭で育ったせいで、人とうまくやっていける自信がなく、結婚などとてもできる気がしないし、幸せな人生など自分にはまったく縁がないという。不幸な子ども時代を過ごした自分は永遠に幸せになれないと思い込んでいるかのような語り口が目立つ。

だが、子ども時代に厳しく辛《つら》い日々を過ごさざるを得なかった人が、その後みんな不幸な人生を送っているだろうか。偉人伝などをみても、子ども時代に大変な目に遭い苦労をした人が偉業を成し遂げたケースがいかに多いかがわかるはずだ。偉業を成し遂げるような特別なケースは別にしても、不幸な生い立ちを乗り越えた人はいくらでもいる。むしろ逆境を糧にして、充実した人生を前向きに生きている人がたくさんいる。

そこで大切なのは、自分の人生を自分自身で引き受けることだ。

今の自分の生活がパッとしないのを生い立ちのせいにしていたら、前向きの人生は手に入らない。前章でみたように、私たちの自伝的記憶は単に過去を映し出しているだけでなく、今の自分をも映し出している。ゆえに、今ここで自分の人生を引き受ける覚悟が決まれば、自伝的記憶の様相も違ってくるはずだ。

酷《ひど》い家庭で育った。だから自分には幸せな人生など縁がない。それは自分の人生を境遇のせいにしてしまう発想だ。そんな後ろ向きの人生を前向きに変えたければ、発想の転換が必要だ。

酷い家庭で育った。でも、これからの人生がどうなっていくかは自分の責任だ。それが自分の人生を引き受ける人の発想だ。

そうした発想の転換を促すには、無意識のうちに心の中に刻まれている言葉を書き換えていくことが大切だ。

自分の生い立ちを嘆き、だから自分が情けない人生を送っているのは仕方ないのだと開き直るような言い方をする人がいる。その人の話を聴いていても、「不幸な子ども時代を過ごした人間はけっして幸せになれない」といった言葉が心の中に刻まれているように思われる。

納得のいかない日々を過ごしている人たちの心の中には、どうも不幸癖を導くような言葉が刻まれているようなのである。そこを変えていく必要がある。

私が面接した人たちの中には、不幸な生い立ちについて語る人も少なくない。だからといって、今の自分の生活についてネガティブな人ばかりではない。むしろ、そうした逆境にもめげずに頑張ってきた自分について誇らしげに語る人もいる。

「あの辛い日々がなかったら、今の強い自分はない。あの子どもに対して理解のない両親が反骨精神を育ててくれ、精神的にたくましい自分にしてくれた」

「あの大変な子ども時代のお陰で、忍耐力が身についた。甘やかされた友だちがすぐへこたれるのをみていると、苦労するのも悪くないなと思えてくる」

このような語り口を聴いていると、私たちにとって重要なのは、客観的な事実でなく、その意味づけだということを痛感せざるを得ない。

両親の仲が悪く、いつも父親の怒鳴り声と母親の泣き声を聞いていた。そうした事実から、「だから幸せな結婚なんてできるわけがない」という言葉を心に刻んでいるか、「だからこそ自分はお互いに思いやりをもてるような幸せな結婚をしたい」という言葉を心に刻んでいるかで、将来展望は大きく違ってくるだろう。

家が貧しく、友だちがもっているような服や文房具やオモチャを買ってもらえず、とても辛かった。そうした子ども時代の記憶をもとに、「自分の人生は、その始まりからしてほんとうにみじめだ。貧しい家に生まれたのは自分のせいじゃないのに、なんでこんな不幸なんだ」と運命を呪うような言葉を心に刻んでいるか、「子どもの頃は辛かったけど、お陰で我慢強くなった。甘い環境で育った人間よりも、厳しい状況でもしぶとく頑張れるはずだ」というような言葉を心に刻んでいるかで、人生に対する姿勢はまったく違ってくるだろう。

自伝的記憶の中に、なかなか思うようにならない厳しい時代、辛い時代があったとしても、そんな逆境の中を何とか生き抜いてきた自分がいるのも事実である。そこに目を向けることが大切だ。

そして、自分の人生を生い立ちのせいにせず、自分自身で引き受けるためにも、無意識のうちに心の中に刻まれている言葉を洗い出し、後ろ向きのものは前向きの強さをもつものへと書き換えていくことが必要だ。

不健康な記憶を健康な記憶に置き換える？

前向きに健康に生きるコツは、不健康な記憶を健康な記憶に置き換えていくことである。

記憶を置き換えるなんて、非常にいかがわしいことを言い出したのではないかと思われるかもしれない。

だが、これまでにみてきたように、私たちは事実の世界を生きているわけではなく、事実のもつ意味の世界を生きているのである。事実は変わらなくても、そこから引き出す意味を変えることはできる。

こうした観点からすれば、不健康な記憶を健康な記憶に置き換えるということは、過去に経験した出来事のもつ意味に関して、後ろ向きの人生につながるような不健康な解釈をするのはやめて、もっと前向きになれるような健康な解釈を心がけようということである。

嫌な出来事なのに、その受け止め方をポジティブにしようなどというのは、一種のごまかしなのではないか、といった疑念を抱く人もいるかもしれない。だが、これはけっしてごまかしなどではない。

私たちに影響を与えるのは、出来事そのものではなく、出来事によって私たちの中に生じた心理的経験である。心理的経験に客観的事実などというものはあり得ない。客観的出来事に対しても、私たちが経験できるのは、出来事そのものではなく、それによって引き起こされる主観的印象である。

そもそも、出来事そのもの、生の現実などというものがどこにあるのだろうか。私たちが経験できるのは、自分の目に映る現実の姿、自分の視点から評価した出来事のもつ意味である。私たちが生きているのは、物質で成り立つ客観的な世界ではなく、意味で満たされた主観的な世界である。

同じ経験に対しても、人によって意味づけの仕方はいろいろと違ってくる。冗談っぽくからかわれて、「人のことをバカにしやがって」と真っ赤になって怒りだす人がいるかと思えば、「親しみを感じてくれてるんだな」と嬉《うれ》しくなって冗談っぽく言い返す人もいる。大事なのは、出来事そのものよりも、それに対する意味づけなのだ。

出来事でなく認知がストレス反応を生む

現代のストレス理論でも、そうした観点が採用されている。嫌な出来事があると、ストレス症状が出る。そのように思い込んでいる人が多いかもしれないが、それではストレスに強い人と弱い人がいることを説明できない。仕事で失敗をして取引先から怒鳴られたとき、「もうダメだ」と悲観し、体調を崩して休んでしまう人がいる一方で、「何とか信頼を取り戻さなくちゃ」と考え、挽回《ばんかい》すべく取引先を積極的に訪問する人もいる。

そこでわかるのは、嫌な出来事がストレス反応を生むのではないということだ。現代のストレス理論では、ストレッサーとストレス反応の間に認知的評価という要因を置く。

ストレッサーとは、ストレス源となる出来事のことである。取引先から怒鳴られる。上司から叱られる。昇進が見送りになる。病気になり、しばらく静養しなければならなくなる。友だちから嫌味を言われる。家族のだれかと激しい口論になる。こういったネガティブな出来事はストレッサーとなる。

だが、このようなストレッサーを経験した人が、必ずストレス反応を示すわけではない。上司から叱られ、酷く落ち込み、食欲をなくしている人がいるかと思えば、何事もなかったかのように淡々と仕事に打ち込んでいる人もいる。それは、ものごとの受け止め方が違うからだ。

病気になり、しばらく静養しなければならなくなったとき、「大変なことになった。みんなに後れを取ってしまう」といった受け止め方をすれば、焦りやイライラといったストレス反応に苛《さいな》まれることになる。だが、「これは日頃の自分を振り返る絶好のチャンスかもしれない」というように受け止める人は、とくにストレス反応に苛まれることはないだろう。

あるネガティブな出来事があったとき、それをどう受け止めるかで、ストレス反応が出るかどうかが決まるのである。

ものごとの受け止め方をタフにする方法

たとえば何か失敗をしたときに、「取り返しのつかないとんでもない失敗をしてしまった」といった思いをもって受け止めると、相当に深刻なストレス反応が出る可能性がある。お腹が痛くなったり、胃がキリキリ痛んだり、気が重く出勤するのが嫌になったりするかもしれない。だが、「取り返しのつかない失敗などない。何とか巻き返すことが大事だ」といった思いをもって受け止めれば、冷静さを保つことができ、ストレス反応もあまり出ずにすむのではないか。

人生に失敗や挫折《ざせつ》はつきものである。そんなとき、「自分はダメだ」「なんでこんなことになっちゃうんだ」「もう嫌だ」などとネガティブな感情に浸れば、うつ的な気分に支配され、身動きが取れなくなる。だが、「起こってしまったことは仕方ない」「さて、どうしたらいいかな」と冷静に受け止めれば、前向きの姿勢を取ることができ、失敗を挽回したり、挫折を乗り越えたりしていく可能性がみえてくる。

認知行動療法でも、問題となる心理状態や行動、たとえばストレス症状などは、ストレッサーとなる出来事によって必然的に生じるのではなく、不適切な受け止め方、つまり認知の歪《ゆが》みによって生じると考え、認知の歪みを改善することによって問題を解決しようとする。

認知の歪みには、「根拠のない決めつけ」「自己関連づけ」「感情的評価」「過度の一般化」「べき思考」などがある。こうした認知の歪みが、不適切な思考を活性化し、その結果としてストレス反応が出やすくなる。ゆえに、ストレス反応を軽減するためには、認知の歪みを正すことが必要ということになる。

たとえば、就職試験に落ちてしまったとき（ネガティブな出来事）、「自分は能力のないダメ人間だ」（根拠のない決めつけ＋過度の一般化）というような歪んだ認知をすれば、気分は落ち込み、さまざまなストレス症状が出るかもしれない。だが、「この会社とは合わないようだな」と淡々と受け止めることができれば、とくにダメージを受けることはない。どちらも主観的評価である。客観的事実は就職試験に落ちたということだけであり、そこから汲《く》み取る意味はきわめて主観的なものといえる。

だが、主観的だからといってバカにできない。この主観的評価、つまり客観的事実に対して私たちの心が与える認知的評価こそが、私たちの心の世界を色づけているのだ。

上司に怒鳴られたとき（ネガティブな出来事）、「酷い、あんな言い方しなくてもいいのに」（感情的評価）、「きっと嫌われてるんだ」（根拠のない決めつけ）などと歪んだ認知をする人の場合は、やる気をなくすばかりでなく、イライラしたり、うつ的な気分になったりと、ストレス反応が出やすくなる。だが、「やらかしちゃった、気をつけなくちゃ」と冷静に受け止めることができる人は、とくにストレス反応が出たりしない。

営業ノルマを達成できないときなども（ネガティブな出来事）、「こんなに景気の悪いときに売れるわけない」（根拠のない決めつけ）と思ったり、「私には営業は向いてないんだ」（根拠のない決めつけ＋過度の一般化）と思ったりすると、「どうせ無理だ」とヤケになり、やる気をなくしてイライラしたり、落ち込んだりする（ストレス反応）。だが、同じ状況でもノルマを達成している人がいることに目を向け、営業のやり方を工夫すれば売上げが伸びるはずと前向きに考えることができれば、「何とかなる」という思いになり、イライラすることも落ち込むこともなく、やる気も出てくるはずだ。

人事評価が思わしくないときなども（ネガティブな出来事）、「上司から嫌われてるんだ」（根拠のない決めつけ）と思うと、「頑張ってもムダだ」と開き直り、不満を溜《た》め込み、やる気をなくしていくだろう（ストレス反応）。だが、上司からどう思われているかなど考えてもよくわからないので、そこにはこだわらずに、自分に足りない点はどこだろうと冷静に振り返れば、改善・向上すべき点がみえてきて、「もっと力をつけないと」と前向きになれるはずだ。

上司が機嫌が悪いときも（ネガティブな出来事）、「きっと私のことを怒ってるんだ」（根拠のない決めつけ＋自己関連づけ）と思い込んだりすると、「自分はいつも人をイライラさせてしまう」と自分を責め、落ち込んでいく（ストレス反応）。そんなときも、「何だか虫の居所が悪いみたいだな」「何か嫌なことがあったのかな」というように受け止め、上司の機嫌と自分をむやみに関連づけたりしなければ、もっと淡々と仕事に向かえるはずだ。

仕事でミスをするたびに（ネガティブな出来事）、「私はほんとに何をしてもダメだ」（過度の一般化）と思えば、「私は仕事に向いてないんだ」と悲観し、落ち込みもするが（ストレス反応）、そうした過度の一般化をしなければ、気をつけるべき点を肝に銘じることでミスを減らしていくことができるはずである。

営業成績が同僚より悪かったときや取引先を怒らせてしまったときなども（ネガティブな出来事）、「自分は優秀であるべきだ」「失敗すべきでない」（べき思考）といった思いが頭の中にあると、「こんなんじゃダメだ」「これじゃ見捨てられてしまう」というように自分を責め、落ち込んでしまう（ストレス反応）。そんなときは、べき思考を緩めることで、「もっと頑張らなくちゃ」「今度は怒らせないように気をつけよう」と前向きになれるはずである。

このように無意識のうちに身につけてしまっている認知の歪みに気づき、それを修正していくことで、ストレス反応につながりやすい不適切な思考の発生を防ぐことができ、ストレスに強い心に変えていくことができる。これが認知行動療法の基本原理である。

認知が変われば、生きている世界が変わる

何かネガティブな結果が出たときやネガティブな状況に陥ったとき、落胆するか、自己嫌悪するか、何とかなると楽観するか、もっと頑張らねばと自分を奮い立たせるか、どれが正解ということはない。どれもあり得るひとつの見方であり、認知的評価の仕方が違うだけだ。

そして、どのような認知的評価をするかが気分に影響し、またその後の行動に影響する。

大切なのは、後ろ向きの意味づけをするのではなく、前向きの意味づけをすること。後

ろ向きの意味づけからは後ろ向きの行動しか生まれないが、前向きの意味づけをすることで前向きに行動することができる。

私たちは、事実の世界の住人ではなく、意味の世界の住人であり、経験から意味を紡ぎ出すようにして生きているのである。そのことを忘れないようにしたい。

ゆえに、自分の生きづらさを身に降りかかった出来事や追い込まれた状況のせいにしてはいけない。そうしている以上、生きづらさから脱することはできない。生きづらさを生んでいるのは、客観的な出来事や状況ではなく、その受け止め方、つまり自分自身の認知的評価のクセなのである。

したがって、認知的評価をより健全なものに変えていくことが必要なのだ。

現実に対する見方が変われば行動が変わる。前向きの認知的評価ができるようになれば、気持ちも前向きになり、積極的に現実に立ち向かうことができる。失敗を恐れるよりも、成功を夢みることができるようになる。萎縮《いしゅく》せずに、自信をもって一歩を踏み出せるようになる。他人による評価に一喜一憂することなく、自分の思いに忠実に行動できるようになる。

このような説明に対して、それは現実をみないことになるのではないかと危惧《きぐ》する人もいるかもしれない。だが、現実に対する見方が変わると、現実そのものも変わっていくのである。

相手に対する見方が変われば、相手との関係も変わり、こちらに対する相手の態度も変わってくる。仕事に対する見方が変われば、仕事への取り組み姿勢も変わり、仕事上の成果も変わってくる。

こうして認知的評価が変わることで、人間関係の世界も仕事の世界も変わり、生きている世界が一変するのである。

人と心のふれあいがもてるようになる。仕事でも肯定的な評価が得られるようになる。たとえ人間関係上のすれ違いがあったり、仕事面で躓《つまず》くようなことがあったりしても、致命的とは受け止めずに冷静に対処できるようになる。そうなれば、生きづらさから解放され、希望に満ちた未来もみえてくるのではないだろうか。

記憶をポジティブな意味をもつものへと書き換える

だれでも過去を振り返れば、思い出すと気分が沈むようなネガティブな経験があるものだ。自伝的記憶に良いことばかりが詰まっている人などいない。

良いこともあれば、悪いこともある。楽しいこともあれば、哀しいこともある。嬉しいこともあれば、腹立たしいこともある。誇らしいこともあれば、後悔することもある。それが人生というものだ。

私が実施した調査では、40代から50代の成人で3人に1人、20歳前後の若者では3人のうちの2人が、「消してしまいたい過去」があるという。

そうしたネガティブな感情を引き起こす記憶をそのまま放置しておくと、過去を振り返るたびに嫌な気分になる。落ち込む。そのため、過去をあまり振り返らないようになる。その結果、過去を懐かしむことで心のエネルギーを補充するということもできず、生きてきた証《あかし》でもある自伝的記憶がぼやけてくる。それはとても淋《さみ》しいことだ。

どんなときも前向きに力強く生きている人は、ポジティブな出来事の記憶を支えにしつつ、ネガティブな出来事からも今後の人生に活《い》かせる何かを学ぶことができる。そのようにネガティブな記憶を整理している。幸せな出来事ばかりに恵まれてきたから前向きなのではない。さまざまな出来事の記憶への対処の仕方を身につけているから前向きになれるのだ。

「あの人は、何の苦労もない幸せな境遇に育ったから、すくすくと健康に生きられるのだ。

すべてが調和した境遇を生きてきたから、自分を信じて強気で前進できる。自分みたいに苦労と挫折の連続だと、あんなに前向きになれない」

などと言われることがある一方で、

「あの人のように、厳しい境遇をくぐり抜けてきた人は強い。どんな逆境でも立ち向かっていく力強さが感じられる。自分みたいに恵まれた環境に甘んじて生きてきた人間には、あのような強さはない」

などと、逆の言い分を耳にしたりもする。

結局のところ、これまでに苦労が多かったか少なかったか、嫌な目に遭うことが多かったか少なかったかが問題ではないのだ。私たちの自伝的記憶には、ポジティブな出来事もネガティブな出来事も含めて、さまざまな出来事が詰まっている。大事なのは、ネガティブな出来事の中にもポジティブな意味を見出《みいだ》すことだ。

自伝的記憶は、歴史年表のような単なる出来事の羅列ではない。それぞれの出来事の間には関連があり、流れがある。そして、何かを思い出すとき、必ず何らかの感情が刺激される。

受験の失敗は、それまで順調にいっていた自分にとっては、ものすごく大きな衝撃だった。目の前が真っ暗になり、自分の人生を全否定するような感情に襲われた。必然的に浪人生活となったが、しばらくは自暴自棄な生活が続いた。でも、それは初めて真剣に自分の人生と向き合う経験となった。友だちとも、かつてのように浮ついた話ばかりでなく、深く語り合うようになった。今思えば、あの受験の失敗によって、人生観が鍛えられ、人間としての深みが増したように感じる。このようにかつてのネガティブな出来事にまつわる記憶にポジティブな意味づけができる人は、人生を前向きに歩むことができる。

ここに過去の記憶を書き換えるコツがある。過去というのは客観的事実ではない。客観的に自分の外にあるものではない。自分の記憶の中にある。そこで大切なのは、主観的な意味づけだ。

自分の身に降りかかった出来事を消すことはできないが、その意味を書き換えることはできる。過去のネガティブな出来事にもポジティブな意味づけができるようになると、過去を恐れることなく振り返ることができる。記憶へのアクセスはよくなるし、自伝的記憶は生きづらさをもたらすものではなく、生きる勇気を与えてくれるものになってくる。

ポジティブな記憶でネガティブな気分を緩和する

嫌なことを思い出せば気分が沈む。気分が沈むと、その気分に馴染《なじ》む記憶が検索され、嫌なことばかり思い出す。そして、ますます気分が落ち込む。こうした悪循環を断ち切る方法として、ネガティブな記憶をポジティブな色に塗り替えるというやり方の他に、ポジティブな記憶を検索して引き出すというやり方もある。

実際、ネガティブな気分のときにポジティブな記憶を引き出すことで、ネガティブな気分が緩和されることは、心理実験によって実証されている。

うつになりやすい人は、ネガティブな気分のときにネガティブな出来事を反芻《はんすう》する傾向があるのに対して、うつになりにくい人は、ネガティブな気分のときにポジティブな出来事を思い出すことで、ネガティブな気分から回復しているというデータもある。

これには感情コントロール力が絡んでいる。うつになりやすい人は、ネガティブな気分に陥ると、その気分に馴染むネガティブな記憶を自然に思い出してしまう。それに対して、うつになりにくい人は、ネガティブな気分に流されることに抵抗して、わざわざポジティブな記憶を思い出そうとする。

実際、うつになりにくい人は、ネガティブな気分のときには、普段よりも、ポジティブ度の高い記憶を引き出す傾向がみられる。それは、ネガティブな気分から抜け出そうと意識下で必死になって格闘している証拠と言える。

そのための具体的な方法として、楽しかったこと、うまくいったこと、ほめられたこと、嬉しかったこと、懐かしいことなど、ポジティブな記憶を積極的に引き出そうとしている。それによって、ネガティブな気分を緩和しようとしているのである。これを気分緩和動機という。

ここからわかるのは、気分が落ち込んだら、すぐにそうしたネガティブな気分を緩和すべく、ポジティブな記憶を積極的に検索し、引き出そうとするのがよいということである。

落ち込みやすい人は、記憶とのつきあい方を間違えている

仕事柄、何かにつけて落ち込みやすい人をたくさんみてきたが、共通点は記憶に足を引っ張られているように思われるところだ。どうも記憶とのつきあい方に問題があるようだ。

落ち込みやすい人は、ネガティブなエピソードを思い出すことが多い。気がつくとネガティブな記憶をついつい反芻しているという。

友だちから言われて傷ついた言葉が気になり、しょっちゅう反芻しては嫌な気分に陥る。みんなの前で恥をかいたときのことをつい思い出して、落ち込んでしまう。頑張っても仕

事で成果を出せなかったときなど、学校時代にいくら頑張っても部活でレギュラーになれなかったことを思い出して、自分は何をやってもダメだなあと自己嫌悪に陥る。

落ち込みやすい人の話を聴いていると、よくもまあこんなにつぎつぎと嫌なことばかり思い出すものだと呆《あき》れるほどに、ネガティブな出来事について語る。ネガティブな記憶を引き出すことに関しては天才的な能力を発揮する。

嫌な出来事ばかりを思い出せば、気分が落ち込むのも当然である。ここで、第1章で紹介した気分一致効果について思い出してほしい。

心理実験により、同じ物語を読んでも、ポジティブな気分で読んだ人はネガティブな気分で読んだ人よりも、ポジティブなエピソードを多く思い出し、ネガティブなエピソードを思い出すことは少ないことが実証されている。

また、それを少しアレンジした心理実験では、同じ物語を読んだ翌日、気分の操作をして思い出してもらうと、ポジティブな気分で思い出そうとした人はネガティブな気分で思い出そうとした人よりも、ポジティブなエピソードを多く思い出し、ネガティブなエピソードを思い出すことは少ないことが実証されている。

要するに、ネガティブな出来事を思い出すと気分が落ち込むというのは当然のことだが、気分一致効果のせいで、落ち込んだ気分で過去を振り返ると、ネガティブな出来事の記憶ばかりを思い出してしまうのである。

落ち込んだ気分のときは、思考も悪い方向に行きがちだ。そんなときは、悪い方向に連想が働き、ますます嫌なことを思い出してしまい、いつの間にかネガティブな記憶を反芻している。そして、ますます気分が落ち込んでいく。

落ち込みやすい人が抱えている問題は、このようなネガティブな記憶の反芻とネガティブな気分の悪循環といえる。この悪循環を何としても断ち切る必要がある。

そのためにはどうしたらよいのか。それを探るためのヒントとして、気分と記憶の関係をもう少しみておこう。

記憶が気分を喚起する

楽しかったときのことを思い出すと気分がよくなり、嫌な思いをしたときのことを思い出すと気分が滅入《めい》る。それは、だれもが日常的に経験ずみのことだろう。

ゆえに、記憶とのつきあい方が上手な人は、嫌なことはあまり振り返らないようにしているものだ。だから毎日気分よく暮らせる。ところが、うつうつとした気分で過ごしがちな人は、嫌なことをわざわざ思い出し、反芻しては嫌な気分になり、そして落ち込む。記憶とのつきあい方が下手なのだ。

昔の仲間と久しぶりに会うと、とても懐かしい思いに包まれるものだ。昔の仲間と会う楽しみは、みんなと話していると懐かしい記憶が蘇《よみがえ》り、気分がよくなるところにある。ポジティブな記憶がポジティブな気分にしてくれる。

だが、昔の記憶には、思い出すと気分がよくなるものばかりではない。気持ちを挫《くじ》けさせる忌まわしい記憶というのもある。昔の仲間と会いたがらない人がいるが、そのような人にとっては、そういった仲間と過ごした時期があまりよい時期ではないのだろう。その頃の仲間と会うと、嫌なことを思い出してしまう恐れがある。ネガティブな記憶はネガティブな気分をもたらすため、昔の仲間と会うのを極力避けることになる。

高校時代がとても楽しかったという人の場合、高校時代の記憶にはポジティブな出来事がいっぱい詰まっているのだろう。だから、高校の卒業記念のアルバムや個人的なアルバムをめくっていると楽しかった出来事の記憶が蘇り、楽しい気分になれる。だから好んで高校時代を振り返って思い出に浸ることになる。高校時代の記憶が気持ちに活力を与えてくれる。

それに対して、高校時代はあまり友だちができず孤立気味で、部活もやっていなかったし、良い思い出がほとんどないという人の場合は、高校の卒業アルバムとかを見ると当時の疎外感や淋しさを思い出し、気分が落ち込んでしまう。ゆえに、高校時代のことを振り返るということはあまりしない。

記憶には必ずと言ってよいほど気分が伴う。記憶には何らかの気分を喚起する力がある。記憶というのは、事実だけでなく、それに伴う思いも含むものだ。ポジティブな記憶はポジティブな気分を喚起する。ネガティブな記憶はネガティブな気分を喚起する。そのように記憶が気分を喚起するということは覚えておこう。

気分が記憶を喚起する

さらに注意したいのが、気分が記憶に及ぼす影響である。

落ち込みやすい人や日々うつうつとした気分で過ごしている人の話を聴いていると、そうしたネガティブな気分でいることが問題の根源にあるのではないかと思えてならない。

落ち込みやすい人や日々うつうつとした気分で過ごしている人は、嫌な出来事に関する記憶をあれこれ語る。だが、前にも指摘したように、毎日を機嫌よく過ごしている人と比べて、ネガティブな出来事を多く経験しているわけではない。

気分一致効果についての心理実験でもわかるように、ポジティブな気分でいるとポジティブな出来事を記憶に刻みやすいし、ネガティブな気分でいるとネガティブな出来事を記憶に刻みやすい。ゆえに、日々ポジティブな出来事やネガティブな出来事をいろいろ経験していても、ポジティブな気分で過ごしている人はポジティブな出来事をたくさん記憶に刻むのに対して、ネガティブな気分で過ごしている人はネガティブな出来事をたくさん記憶に刻むことになる。

さらには、同じく気分一致効果により、ポジティブな気分でいるとポジティブな出来事を想起しやすい。一方、ネガティブな気分でいるとネガティブな出来事を想起しやすい。ゆえに、記憶の中にポジティブな出来事やネガティブな出来事がいろいろ詰まっていても、ポジティブな気分で過ごしている人はポジティブな出来事をよく思い出すのに対して、ネガティブな気分で過ごしている人はネガティブな出来事をよく思い出す。

気分を高揚させる操作をして、日頃の出来事を思い出してもらうと、ポジティブな出来事をよく思い出す。気分を落ち込ませる操作をして、日頃の出来事を思い出してもらうと、ポジティブな出来事をあまり思い出さない。ネガティブな気分にさせると、楽しい出来事を思い出すように求めても、検索に時間がかかり、実際に思い出す出来事の数が少ない。だが、不愉快な出来事を思い出すように求めると、すぐにいろいろ思い出す。

このような記憶と気分の関係を別の角度から検討してみると、さらに面白いことがわかる。記憶するときとそれを引き出すとき、つまり出来事が起こったときとそれを振り返るときの気分状態が一致していると思い出しやすいのだ。

悲しい気分のときには、過去の悲しかったときのことを思い出しやすい。楽しい気分のときには、過去の楽しかったときのことを思い出しやすい。だれもが経験的に納得できるはずだが、これも多くの心理実験で実証されている。

ある心理実験では、悲しい気分に誘導して、一連の単語を覚えさせた。つぎに、楽しい気分に誘導して、別の一連の単語を覚えさせた。その後で、覚えた単語を思い出させるテストを実施したのだが、思い出す際にも気分の誘導を行った。つまり、悲しい気分に誘導して思い出させたり、楽しい気分に誘導して思い出させたりしたのである。

その結果、覚えたときと思い出すときの気分が一致しているときに記憶テストの成績がよいことがわかった。つまり、悲しい気分のときに覚えた単語は悲しい気分のときによく思い出すことができ、楽しい気分のときに覚えた単語は楽しい気分のときによく思い出すことができたのである。

ここから示唆されるのは、今と同じような気分状態だったときに経験した出来事を思い出しやすいということである。これを気分状態依存効果という。

こうして、たとえ良いことも嫌なことも同じように経験していたとしても、ポジティブな気分で過ごしている人は、自分の人生を振り返って「良いことがたくさんあった」と満足げに語ることになる。一方で、ネガティブな気分で過ごしている人は、自分の人生を振り返って「嫌なことだらけだった」と不満げに語ることになる。

結局、「自分は恵まれている」「良い人生を送ってきた」と満足げに語る人が、「自分は不幸だ」「嫌なことだらけの人生だった」と不満げに語る人と比べて、必ずしもポジティブな出来事に恵まれていたわけではないのである。

私たちは、目の前の現実を非常に主観的に記憶する。自分の感情状態に合わせて、現実を歪めて記憶に刻む。そして、自分の感情状態に合わせて、記憶の倉庫から引き出す。ゆえに、ポジティブな気分で日々を過ごしている人は、ポジティブな出来事をよく記憶に刻むし、よく思い出す。ネガティブな気分で日々を過ごしている人は、ネガティブな出来事をよく記憶に刻むし、よく思い出す。

このようなことからわかるのは、自分の人生に満足しているか、不満だらけであるかは、実際に経験した出来事の種類や数ではなく、どのような気分で日々を過ごしているかによって決まるところが大きいということだ。

記憶アクセス法を調整する

結局、自分の過去の記憶というのは、現在の心理状態をもとに再構成されるのである。つまり、現在の心理状態によって思い出される過去の記憶の様相が違ってくるというわけである。

不機嫌な人がネガティブな出来事ばかりを愚痴っぽく語るのは、ネガティブな気分で過去を振り返ったり、周囲の出来事を観察したりしているからなのだ。不機嫌な気分に合わせて、記憶の中から嫌な出来事ばかりを拾い集めたり、嫌な出来事ばかりを記憶に刻んだりするのである。

その一方で、客観的にみてかなり悲惨な目に遭っていると思われる人が、意外に明るい出来事を語ることがある。それは、ポジティブな気分を維持できているため、その気分に合わせて、ポジティブな出来事が想起されやすく、ポジティブな出来事が記憶に刻まれやすいのである。さらには、嫌なことがあったときも、ポジティブな出来事を思い出すことで嫌な気分を中和する気分緩和動機が作用する。

ここから言えるのは、日々を気分よく過ごすことが大切だということ。気分よく過ごしていれば、ポジティブな記憶がつくられていくし、ポジティブな記憶が引き出されやすくなる。

落ち込みやすい人は、ネガティブな気分で過去を振り返るため、嫌な出来事、気持ちを挫かせるような出来事ばかりが思い出され、そうした記憶によってますます気分が落ち込んでいく。

そうした記憶へのアクセス法を変えていく必要がある。

ネガティブな気分のときはネガティブな出来事の記憶が引き出されやすい。ゆえに、ネガティブな気分のときは過去を振り返らないようにすべきなのである。

うつうつとした気分で日々を過ごしている人は、沈んだ気分で過去を振り返るため、ネガティブな記憶にアクセスしてしまい、ますます気分が沈むことになる。沈んだ気分のときはけっして過去を振り返らない。このことを徹底したい。

そうはいっても、いつの間にか過去を振り返って、嫌なことを思い出すのが常で、そんなに急に習慣は変えられないというかもしれない。たしかに身に染みついている習慣はそう簡単に変えることはできない。だからこそ強く意識することが大切なのである。

ふと気づくと嫌なことを思い出し、反芻している。そんな自分をみつけたら、即刻別のことに目を向ける。一番よいのは何か別のことに没頭することだ。

軽い運動をする。料理をする。お菓子づくりに没頭する。手芸に没頭する。整理や片づけをする。本を読む。録画した映画やドラマを見る。スポーツを観戦する。友だちと喋《しゃべ》る。家族と喋る。何でもよいので、行動することで過去の回想を断ち切る。

ネガティブな気分のときは、過去を振り返らずに、目の前の現実にどっぷり浸《つ》かるのである。

そして、気分のよいときに過去を振り返るようにする。そうすれば、ポジティブな記憶が引き出されやすい。それによってますます気分がよくなる。そこで過去を振り返ると、またポジティブな記憶が引き出される。そして気分がよくなる。こうしてポジティブな気分とポジティブな記憶の好循環が生まれる。

過去を振り返るのは、気分がよいとき、気持ちが安定しているときに限る。気分がよくないとき、気持ちが不安定なときは、けっして過去を振り返らず、何らかの行動に没頭する。こうした鉄則を忘れないようにしたい。

笑顔もポジティブ記憶を増やしてくれる

笑顔は幸せを呼び寄せる。笑顔でいると幸せになれる。そのような言葉をしばしば耳にするだろう。悩みがちな人、何でもネガティブに考えがちな人に対して、笑顔で暮らすことの大切さが説かれたりする。

人生訓としてありがちだが、どうせ科学的な根拠などない俗説だと思っている人も少なくないのではないか。だが、記憶に関する心理実験をみると、どうもそれにはある程度の科学的根拠があるようだ。

楽しい気分にさせるような新聞記事と怒りを喚起するような新聞記事を読ませた後、一定の表情をしながら新聞記事を思い出してもらうという実験が行われた。半数の人たちは、微笑みの表情をしながら新聞記事の内容を思い出そうとした。残りの半数の人たちは、不機嫌な表情をしながら新聞記事の内容を思い出そうとした。

その結果、微笑みの表情で思い出した人たちが、楽しい気分を誘う記事の方をよく思い出したのに対して、不機嫌な表情で思い出した人たちは、怒りを喚起する記事の方をよく思い出した。思い出すときの表情によって、引き出される記憶の内容が違っていたのである。

これは、思い出すときの気分に馴染む記憶が引き出されやすいという気分一致効果に則《のっと》った結果と言える。だが、とくに興味深いのは、微笑みの表情とか不機嫌の表情など、わざと顔面表情を操作するだけで、その表情にふさわしい気分が喚起されるというところだ。それがなければ、気分一致効果に則って表情にふさわしい記憶が引き出されるわけがない。

このような実験結果をみると、いつも笑顔でいれば幸せになれるといった俗説も、けっして侮ることはできない。

いつも笑顔でいることで、気分一致効果により、ポジティブな出来事が記憶に刻まれやすくなり、またポジティブな出来事が記憶から引き出されやすくなる。ポジティブな記憶が蓄積され、また想起されやすくなっているため、過去を振り返るたびに温かい気分、楽しい気分に浸ることができ、ますます笑顔になれる。

表情によって蓄積される記憶が異なり、想起される記憶も異なってくるのである。暗い表情をしていると、ネガティブな出来事が記憶に刻まれやすく、またネガティブな記憶が想起されやすい。

いつも笑顔でいるように心がけることで、ポジティブな気分とポジティブな記憶の好循環が働くことが期待できる。日々を快適に過ごすには、できるだけ笑顔でいることが効果的なのだ。このことを覚えておきたい。

未来予想図は自伝的記憶をもとに描かれる

前向きに生きるには、未来に希望がもてることも大切である。

こんな生活がいつまで続くのか、もうこんな生活は嫌だ、耐えられない、でもここから脱することができる気がしない。そうした未来に対する閉塞感《へいそく》をもっていては、前向きになるのは難しい。

同じく今の生活が納得のいかないものであっても、いつかきっとこんな生活から脱することができる、それまでの辛抱だというように、明るい未来が開けてくる希望をもつことができれば、それを信じて前向きに生きることができる。

ここでも鍵《かぎ》を握るのが自伝的記憶だ。

私は、かつて企業にいた頃、マーケティングに携わり、各商品の需要予測を行ったりした。需要予測というのは、この先どのくらい売れるかの予測であり、当然のことだが未来に属する事柄である。

だが、ここで強調したいのは、未来の予測は過去のデータをもとに行われるものであって、過去と切り離して考えられるようなものではないということだ。

商品の需要予測は、これまでの売上げデータの動向をもとに計算される。これまでの実績を無視して、勝手に需要を予測したりはしない。過去のデータなしでは、この先の需要動向を予測することはできないのだ。

それと同じく、私たちは、過去の出来事が詰まっている自伝的記憶を頼りに、自分の未来を予測したり、さまざまな可能性を模索したりする。まだ実現していない自分の未来を想像する際に用いられるのは、過去のデータなのである。そして、自分に関する過去のデータとは、まさしく自伝的記憶に他ならない。

こういったことは自分はどうも苦手だ。そういう仕事は自分には向いていない。自分はこういうことはわりと得意な方だ。これなら何とかうまくできそうだ。こういうふうにすればうまくいくかもしれない。こういうタイプの人は自分は苦手だ。こういう人とならばうまくやっていけそうだ。こういった感じの職場ならやっていけるかもしれない。この集団、なんだか溶け込めそうな雰囲気じゃないなあ。

そのような思いはどこから湧いてくるのか。この先うまくやっていけそうかどうか。自分にできそうかどうか。それは、瞬時に湧く思いではあっても、無意識のうちにこれまでの経験をもとに判断しているのである。

高校時代、こういう科目が得意だった。メチャクチャ厳しい部活だったけど、必死に食らいついて頑張ったな。若い頃から口べたで、初対面の人は苦手だったなあ。あのときはこんなふうにして失敗した。あんなことしなければよかったな。営業の仕事をしていたとき、気をつかいすぎて疲れてしまったな。あの人とはこういうところが合わなかったなあ。あの職場はどうも馴染めなかったな。

そういった過去の自分にまつわる記憶や、それをめぐる評価や思いをもとにして、この先のことを判断するわけだ。つまり、未来予想図は自伝的記憶をもとにして描かれるのである。

明るい未来につながる記憶をつくる

ここで改めて強調したいのは、記憶というのは、過去を記録し、評価し、意味づけるものであるとともに、未来をつくるものでもあるということだ。過去の記憶は、未来のための記憶であり、未来をつくる記憶なのである。

仕事で痛いミスをしてやり直さなければならなくなったとき、「何とかなる」と思い、頑張り抜くことができる人もいれば、「もう無理だ」と諦《あきら》め、投げやりな態度で適当なやり方になる人もいる。

「何とかなる」と思って頑張ればほんとうに何とかなることでも、「もう無理だ」と諦めて投げやりになればほんとうに何ともならなくなる。つまり、どう受け止めるかで未来が違ってくる。

では、厳しい状況に陥ったとき、「何とかなる」と思うか、「もう無理だ」と思うかは、何で決まるのか。それは、過去の経験、つまり自伝的記憶である。厳しい状況でも諦めずに頑張り抜くことで、何とか状況を好転させることができたという記憶が喚起されれば、「何とかなる」と思うことができる。だが、厳しい状況を何とか好転させようと頑張ったけど、どうにもならなかったという記憶が喚起されると、「もう無理だ」と思ってしまう。

このように過去の成功体験や失敗体験が未来予想図をつくり、今を頑張る力を与えてくれたり、気持ちを挫けさせたりするのである。

そこで大切なのは、明るい未来につながる前向きの記憶をつくっておくことである。未来に明るい展望を描くことができれば、今の自分の生活がどんなに苦しくても、そこで頑張り続けることに意味や張り合いを感じることができる。

人間は意味を求める存在である。今の生活に意味を感じることができれば、どんなに辛くても耐えることができる。だが、意味を感じることができないと、ちょっとでも辛いと思ったら投げ出したくなる。スポーツ選手や芸術家が、血を吐くような厳しい訓練に必死に耐えて頑張り続けられるのも、それが明るい未来を開くことにつながると信じているから、つまり厳しい訓練に意味を感じることができるからに他ならない。

ゆえに、未来に明るい展望を描くことができるように記憶をつくっていくことが重要となる。いわば、前向きの自己物語をつくるのである。

そう言われても、自分は頑張ってもうまくいかなかったことばかりで、未来に明るい展望が描けるような記憶などない、だからいつも困難な状況にぶつかると諦めてしまうのだ、それはもうどうにもならない、などと言いたくなる人もいるだろう。

実際、自伝的記憶をたどると、失敗体験ばかりが思い起こされ、成功体験などまったく思い浮かばないという人がいるものだ。だが、それは自伝的記憶の整理の仕方が悪いのだ。うまく整理すれば、失敗と思っている事柄にもポジティブな意味をもたせることができる。

それによって自伝的記憶を前向きなものにすることができる。

ここで思い出してほしいのは、私たちは事実の世界を生きているのではなく、意味の世界を生きているのだということである。私たちは、個々の事実を羅列した年表のような世界を生きているのではなく、個々の出来事を意味の連関でつないだ物語の世界を生きているのである。

たしかに過去に起こった出来事そのものを変えることはできない。だが、その意味づけをうまく制御することで、過去をポジティブな意味合いをもつものへと、前向きに生きる力が湧いてくるようなものへと整理していくことができる。

たとえば、部活でいくら頑張っても結局最後までレギュラーになれなかったという事実から、自分は頑張ってもダメだったという感じの失敗体験の自己物語を抱えている人は、諦めグセを身につけてしまう。困難にぶち当たると、そうした記憶が活性化され、「どうせダメだ」と思ってしまう。

一方、結局レギュラーにはなれなかったけど、ヤケになったり諦めたりせずに、いつも必死になって練習したし、最後まで頑張ることができたという感じの頑張り屋の自己物語を抱えている人は、困難にぶち当たったとき、そうした記憶が活性化され、「諦めないで頑張るぞ」といった意気込みで困難に立ち向かうことができる。

同じ事実をもとにしても、まったく雰囲気の異なる自己物語に仕立てることができるのである。

ゆえに大切なのは、失敗体験にもポジティブな意味づけができるように試みることである。そこを意識して、自伝的記憶を前向きに整理しておくようにしたい。

第5章　心のエネルギーが湧いてくる記憶

懐かしい記憶を拾い集めよう

記憶と気分の相互作用を前提にすると、気分よく快適な毎日を送るには、良い気分にさせてくれるような記憶、心のエネルギーが湧いてくるような記憶とのふれあいを心がけることが大切だと言える。

そのような記憶とのふれあいを多くするには、ときどき思い出す時間をもつことが必要だ。気分の良いときに過去を振り返る。すると心地良い気分に馴染《なじ》む記憶が引き出される。それを繰り返すことで、心のエネルギーが湧いてくるような記憶へのアクセスが良くなる。

心地良い気分にさせてくれるのは、何といっても懐かしい記憶だろう。「ああ、ほんとうに懐かしい」といった気分にさせてくれる記憶を呼び覚ますと、ポジティブな気分になり、心のエネルギー水準が高まる。嫌なことがあって気分が沈んでいるときも、懐かしい思いに浸ると、心のエネルギーが補充される。

その意味でも、普段から懐かしい記憶を引き出す習慣をつけ、懐かしい記憶へのアクセスを良くしておくのが望ましい。

そこで、あなた自身の過去を振り返ってほしい。あなたにとって懐かしい記憶には、どんなものがあるだろうか。

あなたは、自分の記憶の中には良い思い出がたくさん詰まっていて、懐かしい思いで過去を振り返ることが多いというタイプだろうか。それともあまり良い思い出がなく、過去を振り返るということはほとんどないというタイプだろうか。

前者であれば、懐かしい記憶はいくらでもあげることができるだろうから、とくに努力して自伝的記憶の意味づけをやり直さなくてもよいだろう。ただし、どんなときも前向きな気分になれるように、懐かしい記憶をできるだけ掘り起こし、アクセスを良くしておくように心がけたい。

後者の場合は、過去を振り返るということに抵抗があるかもしれない。過去を振り返れば、嫌なことばかり思い出してしまう。だから記憶をたどるなどということはしたくない、ということになりがちだ。

だが、そのように過去に蓋《ふた》をしていては、いつまでたっても前向きの人生は手に入らない。自分の人生は自伝的記憶に集約されている。ゆえに、前向きな人生を手に入れるには、自伝的記憶を前向きに整理しておく必要がある。そのためには、嫌な出来事の記憶をそのままにしておくのではなく、意味づけの工夫をすることが大切となる。意味づけについては、前章ですでに解説したが、次章でより具体的に解説していく。

もうひとつ考えておきたいのは、懐かしい記憶の掘り起こしだ。

嫌なことしかない人生というのは考えにくい。どんなに苦しい状況に追い込まれることが多く、嫌な目に遭うことが多い人生であっても、楽しかったこと、嬉《うれ》しかったことが何もなかったということはないものである。丹念に記憶を掘り起こしていけば、ポジティブな出来事もきっとみつかるはずだ。

私が自己物語面接をした人の中には、自分は不遇な人生を送ってきた、ほんとうに運が悪くて、仕事でもプライベートでも嫌な目にばかり遭ってきた、だから良い思い出など何もないという人がいた。でも、改めて人生の各時期についての記憶を順々にたどっていくと、長年忘れ去られていた記憶がつぎつぎに発掘されていった。

その中には、もちろん嫌な出来事もあり、良くも悪くもなく淡々と思い出す出来事もあったが、良い出来事の記憶もたくさん引き出されてきた。家族で海水浴に行ったときの懐かしい光景。顔は思い出せないけど、幼児期にとても仲の良い友だちがいたこと。酔っぱらった父親が寿司《すし》折りをみやげに持ち帰り、夜中に起こされて食べたこと。友だちと工事現場を隠れ家にして遊んだときのワクワクした気持ち。親に怪獣映画に連れて行ってもらったときに電池で動くガメラのプラモデルを買ってもらい、それでよく遊んだこと。いつも叱られるばかりなのに、珍しく先生からほめられたときの嬉しさ。家にステレオがきて、初めて小遣いでレコードを買ったときのこと。自分を嫌っている教師がいて、濡《ぬ》れ衣《ぎぬ》で叱られることがあったが、あるとき友だちが弁護してくれたこと。学校や世の中に不適応感をもっていた頃、保健室の先生がよく話し相手になってくれたこと。就職試験の合格通知がきてとても嬉しかったときのこと。ひとり暮らしを始めたときのさわやかな解放感。本人も意外だというほどに、良い記憶が芋づる式に引き出され、懐かしい思いに浸ることができた。

前向きな気分で日々快適に過ごせるように、懐かしい記憶の掘り起こしに挑戦してみたらどうだろうか。そして日記を付けるように、懐かしい出来事とそれにまつわる思いを記録してみるのもよいだろう。

思い出すための手がかりは？

私たちの心の中には、さまざまな記憶が刻まれている。今すぐに思い出せるのは、その中のごく一部であって、それよりもはるかに多くの事柄が眠ったままの状態で蓄積されている。

そうした記憶のひとつひとつの素材は、連想のネットワークでつながっている。たとえば、動物園の前で幼稚園児の集団に出くわすと、突如として幼稚園の遠足を思い出す。そのときに母親が作ってくれたサンドイッチの味まで思い出したりする。さらには、幼稚園児の頃に親に動物園に連れていってもらったことを思い出す。大きな象が長い鼻を振り回しているのを見たときの感動が蘇《よみがえ》ってきたりする。

テレビで海開きのニュースを見ると、子どもの頃に家族で行った海水浴の記憶が蘇る。海で泳いでいてクラゲに刺されて腫《は》れあがり、薬を塗ってもらったことや、まだ泳げないため父親が自分を背中に乗せて泳いでくれたこと、砂浜の砂が火傷《やけど》しそうに熱くて跳び跳ねながらビーチパラソルの周りを走り回ったことなどが思い出され、懐かしい思いが込み上げてくる。

そこからさらに連想が働いて、別の時期に行った山登りの記憶が蘇る。途中でトイレ休憩を取った際に、うろうろしているうちにはぐれてしまい、迷子になったと思い、慌てて親を捜し回ったことも、懐かしく思い出される。山からさらに山間《やまあい》の湖を連想し、自分が親になってから子どもたちと一緒に湖に行ったときの記憶が蘇り、水着に着替えて泳ごうとしたら水があまりに冷たくて、子どもたちと震えながら水遊びをしたのを思い出したりする。

このように、ちょっとしたことをきっかけに、それまで眠っていた記憶が突如活性化され、懐かしい気持ちに浸らせてくれる。

場所、モノ、人、出来事……あなたは何を思い出すか？

こうした連想を活性化するために、私は４つの手がかりを使うことにしている。それは、場所、モノ、人、出来事の４つである。

しょっちゅう昔を振り返って、懐かしさを楽しんでいる人はよいのだが、いきなり幼児期の記憶や児童期の記憶、あるいは青春期の記憶を発掘していくのが難しいという人もいる。そのような人でも、懐かしい場所、懐かしいモノ、懐かしい人、そして懐かしい出来事を具体的にあげてもらうと、そこからさまざまな連想が働き始める。

懐かしい場所として、中学の教室をあげた人がいる。机や椅子、黒板、教卓、廊下との間にあった小窓……当時の教室の様子とともに、仲の良かった友だちを思い出し、一緒に経験したさまざまなエピソードをつぎつぎに思い出した。授業中の様子も思い出し、好きだった授業や好きだった先生のことを思い出した。やがて、当時悩んでいた友人関係のことや進路のことにまで連想が及んだ。それは、おそらく数十年ぶりに思い出したことだという。「自分の中に、こんな記憶が眠っていたなんて」と感慨深げだった。

懐かしいモノとして、小学生のときに使っていた野球のグローブをあげた人がいる。当時は学校から帰ると毎日のようにグローブを持ち出して壁に向かってボールを投げて遊んだし、日曜日には友だちとつくった野球チームで練習をしていたので、野球のグローブにはいろんな思い出が詰まっているのだという。当時の野球チームの仲間のことや練習風景、試合のことなどを思い出すとともに、思うようなバッティングができなくて悔しい思いをしたことなども思い出した。さらには、そのグローブを父親と一緒に買いに行ったときのことを思い出した。そこから連想が働き、父親とのさまざまなエピソードや父親に対する当時の思いが蘇ってきた。それは、現在の父親に対する冷え切った思いを中和するものとなったようで、「父に関しても懐かしい思い出があるんだってわかって、父に対するイメージが少し変わりました」と、スッキリした表情で語った。

懐かしい人として、高校時代の部活の先輩をあげた人がいる。その先輩にいろいろと相談に乗ってもらったことを思い出すとともに、当時悩んでいた人間関係のトラブルや家庭の事情のことなどを思い出した。そうしたことは長らく思い出すことがなかったため、自分がそんなことに悩んでいたことを思い出したのは、まさに自分再発見だったという。そこからさらに連想が働き、高校時代ばかりでなく、子どもの頃から青春期に至る家族とのさまざまなやりとりを思い出していった。それによって、今の自分ができてくるまでには、家族とのかかわりがものすごく大きな影響を与えてるのだということに改めて気づき、子育て中の親としての役割を自覚するよいきっかけになったと語った。

懐かしい出来事として、初めてのひとり旅をあげた人がいる。記憶を掘り起こしながら、その旅の行程をたどっていくうちに、旅先でのさまざまな出会いを思い出した。その場限りの心温まる出会いのことや、その後にまた会おうということになり集まった仲間のことも思い出した。何となく懐かしい思いはあったものの、じっくり振り返ることがなかったため、ここまで具体的に思い出すことがなく、数十年ぶりに当時の出来事を追体験することができたという。

懐かしい場所、モノ、人、出来事。あなたは何をあげるだろうか。どれでもよいので、思い出しやすそうなテーマを選んで、何が思い浮かぶか試してみよう。何か思い浮かんだら、そこから連想を働かせ、記憶のネットワークをたどってみよう。懐かしい記憶がいろいろ発掘できるかもしれない。

故郷を歩いてみよう

第1章で、私自身が子ども時代に暮らした土地を訪れたときのことを記したが、当時毎日のように遊んだ公園や通園路だった坂道では、あたかもその場所に保存されていたかのように、何十年も思い出すことのなかった記憶がつぎつぎに蘇ってきたのだった。

忘却理論には、検索失敗説というものがある。

私もよく経験するのだが、このことはこの本の中に書いてあったのは確かなのだが、何度パラパラめくっても該当箇所がなかなか見つからない、ということがある。しょっちゅうめくっている本なら、だいたい見当がつくが、久しくめくっていない本の場合は、まったく見当がつかない。専門書だと巻末に索引がついているので容易に検索できるのだが、一般書だと索引がないため、該当箇所を探すのに苦労する。

検索失敗説では、思い出さない事柄は、けっして記憶から消失してしまったわけではなく、長い間思い出すことがなく、反芻《はんすう》することもないために、うまく検索できないのだとみなす。つまり、記憶から消えたわけでなく、その記憶にたどりつくことができないのだというのである。

そのような記憶も、何らかのきっかけで検索に引っかかることがある。そうしたきっかけの最たるものが故郷である。幼い頃に過ごした土地を訪れると、懐かしい思いに包まれると同時に、さまざまな記憶が蘇ってくる。ゆえに、心の中に眠っている懐かしい記憶を蘇らせるには、故郷に触れてみるという方法が有効だ。

歌人石川啄木《いしかわたくぼく》の父一禎《いってい》は渋民《しぶたみ》村の寺の住職であり、啄木は子ども時代を宝徳《ほうとく》寺で過ごしたが、その後宗費怠納により父が宝徳寺住職を罷免され、住み慣れた宝徳寺から追い出され、石川家は周囲の人たちから白眼視されることになった。また、啄木自身も、盛岡《もりおか》尋常中学校（在校中に盛岡中学校に改称）時代に、文学活動に熱中し、かつ上級学校に進学できる経済力がなかったため、学校をサボりがちになり、試験のカンニングによって２度の譴《けん》責《せき》処分を受け、退学している。

このように故郷には暗い思い出が多かったはずの啄木にとっても、故郷というのは、思い出すだけで心を温かくしてくれる、とても懐かしいものだったようだ。

「やはらかに柳あをめる

北上の岸辺目に見ゆ
泣けとごとくに」

「ふるさとの訛なつかし
停車場の人ごみの中に
そを聴きにゆく」

「ふるさとの山に向ひて
言ふことなし
ふるさとの山はありがたきかな」

こうした作品からも、啄木は、苦しくてたまらないときには、救いを求めてよく故郷を思い出していたことが窺《うかが》える。
故郷という言葉に漂う懐かしさは、疲れた心をやさしく包み、癒《いや》してくれる。
なぜ故郷は懐かしいのか。それは、故郷には、日頃振り返ることがないために索引を失い、思い出せなくなっている自伝的記憶を呼び覚ます力があるからだ。

嫌なことの多い人生だった。良い思い出などない。振り返っても思い出すのはきっと嫌なことばかりだから、けっして振り返らないようにしている。そんなふうに語っていた人も、私との自己物語面接で子ども時代や青春時代を振り返ることで、懐かしい記憶をつぎつぎに発掘することができた。

ここで強調したいのは、出来事そのものに絶対的な評価が貼りついているのではないということである。

それを経験した時点では、気分を萎《な》えさせるような忌まわしい出来事と感じても、その後いろいろと人生経験を積んだ者にとっては、人間の滑稽《こっけい》さを示す懐かしい出来事に思えたりする。子ども時代に嫌でたまらなかった頑固な親の態度も、自分が親になってみると、子どもをたくましい心の持ち主に育て上げようという愛情に基づくものだったのだと思えてきたりする。

個々の出来事の評価は、思い出す時点で主観的に意味づけをすることによって決まってくる。子どもの頃の嫌な出来事も、今掘り起こしてみると、案外笑い飛ばせる出来事だったりする。若い頃にはネガティブにしか受け止めることができなかった辛《つら》い時期も、数十年を経て掘り起こしてみると、自分が鍛えられた試練の時期として、ポジティブな受け止め方ができたりする。

過去の出来事のもつ意味は、けっして固定されたものではないのだ。見直す余地は十分にある。未熟な頃の自分とは、また違った受け止め方ができるはずだ。ゆえに、自分の過去は良くなかった、嫌な思い出が多いはずだと思う人も、過去を振り返ることを忌み嫌う必要はない。

ポジティブな記憶が引き出されれば、懐かしさが込み上げ、心のエネルギーが湧いてくる。気持ちが前向きになれる。

ネガティブな記憶が引き出されれば、気分が滅入《めい》り、心のエネルギー水準が下がるが、その場合は意味づけの仕方を再検討すればいい。その方法については、つぎの章で解説することにしたい。

ゆえに、恐れることなく、記憶の宝庫とも言える故郷に突入してみよう。

懐かしい場所を訪ねてみよう

あなたにとって懐かしい場所はどこだろうか。故郷の他にも、懐かしい場所はいろいろあるはずだ。

青春時代を過ごした専門学校や大学の前に立つと、懐かしさとともに当時の出来事の記憶がつぎつぎに浮かび上がってくる。その頃友だちとよく行った定食屋や喫茶店を思い出す。そのままに店があったりすると、友だちとお喋《しゃべ》りしながら食事したり、コーヒーを飲んだりした記憶が懐かしく思い出される。

初めて就職した会社、あるいはその会社があった場所に行けば、初々しい気持ちで仕事をしていた自分を思い出し、その頃同じ職場にいた先輩や同僚の顔や名前が浮かんでくるだけでなく、それぞれの人の特徴的な喋り方を思い出したりする。

若い頃に親友とよくほっつき歩いたり、飲んで語り合ったりした繁華街。職場の仲間でハイキングに行った郊外の山。社員旅行で行った観光地。恋人とのデートで行った動物園や遊園地。ひとり旅をした土地。親しい友だちと旅した土地。眠っている自伝的記憶を発掘するきっかけを与えてくれる思い出深い場所は、無数にあるはずだ。

懐かしい場所に行くと何十年も眠っていた記憶が発掘されるものだが、それは意識に上っていないときにも記憶というものが私たちの心の中にしっかりと保持されていることの証拠と言える。無意識のうちに眠っている記憶が、懐かしい場所に触発されて、意識に浮上してくる。私たちの心の中には、汲《く》めども汲めども汲み尽くせないほどの懐かしい記憶が蓄積されているのである。

森鷗外《もりおうがい》の次女の小堀杏奴《こぼりあんぬ》は、父鷗外について回想している「思出」というエッセイの中で、

「私はこの頃になって出来るだけ父の事について書き残して置きたいと思うようになった。（中略）忘れるという事はなくても、なんとなく段々と年月を隔てて影の薄くなってゆくその思出を、断片的であっても、少しずつ記して行けたらどんなに嬉しい事だろう。

それほど、死んだ父は私にとって懐《なつか》しい思出を持つ人である。」

とし、最も思い出深い場所として、よくチョコレートを買ってもらった本郷《ほんごう》三丁目の青木堂や銀座《ぎんざ》の資生堂、上野《うえの》の精養軒などをあげている。青木堂のことを思うと、当時の出来事が思い出され、そこに父親の姿が懐かしく浮かび上がってくる。その様子をつぎのように記述している。

「青木堂ではその頃よく、燐寸《マッチ》の箱くらいの大きさで、油絵のペエパアの貼《は》ってある小い箱に入ったチョコレエトを買ってもらった。

母が病気で寝ている時、父に連れられて弟と三人で青木堂へ行った事がある。私は竹の模様の付いた元禄袖《げんろくそで》の銘仙《めいせん》の単衣《ひとえ》を著て、狭い帯を貝の口に結んでいた。その中《うち》、どうかした拍子《ひょうし》でか帯が解けてしまったが自分では結ばらない。

父は私を鏡の前に連れて行って帯を結んでくれたが、父も結びようを知らないでまるで兵児帯《へこおび》を結ぶように、長過ぎる帯を妙な具合にはなむすびにするので、私は厭《いや》がって父を困らせた。

壁にはまった汚れた金の額縁《がくぶち》の付いた大きな鏡にうつっている父のちぢみの単衣を著た姿と、泣顔をして妙な恰好《かっこう》に結ばれた自分の帯を眺めている私の姿が今でも眼に見えるようだ。」

（小堀杏奴「思出」『晩年の父』岩波文庫　所収）

懐かしい場所を思い出すだけで、そこにまつわる懐かしい記憶がつぎつぎに蘇ってくる。私は何度も引っ越しをしているため、北海道から関西まで、暮らしたことがある懐かしい土地がいくつもある。そこを訪ねるたびに、当時の記憶が蘇り、懐かしい気持ちに浸ることができる。

懐かしい気持ちに浸ると、前向きな気持ちになれる。そこで大切なのは、懐かしい記憶の発掘のために、懐かしい場所に出かけてみることである。

さらには、これから懐かしい場所をつくっていくのもお勧めだ。今懐かしいのは過去の思い出だが、将来の自分が懐かしい気持ちになれるような記憶をつくっていくのである。そのためには馴染みの場所をつくるのが手っ取り早い。

夏休みはよくここで過ごすことにしている。毎年あそこの温泉に行くことにしている。家族旅行はたいていここに来ることになっている。散歩の途中でよくこの喫茶店で休みながら本を読むことにしている。休日には美術館に行ったり、スポーツ観戦に行ったりする。そんな場所をもつことで、懐かしい記憶がそこらじゅうに散らばっている場所をつくることができる。

アルバムを開いてみよう

私は何度も引っ越しを経験しているが、荷造りをしたり荷物の整理をしたりする際に、うっかりアルバムを見つけてしまうと、しばらく作業が中断する。開いてみたくなり、パラパラめくっていくと、その当時の出来事が走馬燈《そうまとう》のようにつぎつぎに浮かんでくる。

もちろん、はっきりしない記憶が多い。一緒にいる友だちの顔を思い出し、その場所も思い出すし、その場の雰囲気も思い出すのだが、喋った内容ははっきり思い出せなかったりする。あるいは、ある友だちの言葉をはっきりと思い出し、そのとき自分の中に生じた気持ちも思い出すのだが、どこでそんなやりとりがあったのかを思い出せなかったりする。出来事の詳細は思い出せなくても、とても温かな気持ちに包まれる。アルバムに貼られている写真には、そんな不思議な力がある。

阪神淡路《はんしんあわじ》大震災の際に、被災した人たちは、さまざまな深刻な喪失に直面させられた。家族を失った人、家を失った人、仕事を失った人、預金通帳以外のすべての財産を失った人。言葉では言い表せないほどの、深い心の傷を負ったはずだ。だが、そうした人の命にかかわる喪失や生活の根幹にかかわる喪失の他に、大きな喪失感を与えたものとしてアルバムなど思い出の品があった。

金目のものと違って、財産といったときに、ともすると見逃されがちだが、私たちにとってアルバムはとても貴重な心の財産になっているのである。

東日本大震災は、かつてない甚大な被害をもたらした。被災地のニュースを見るたびに、その惨状にことばを失うばかりだった。そうしたニュースの中で、倒壊し瓦礫《がれき》と化した自宅の前に呆然《ぼうぜん》と立ち尽くしていた人が、家族写真を瓦礫の中から拾い出し、しばし笑顔を取り戻す姿が見られた。

思い出の写真には、気持ちを前向きに整えてくれる不思議な力がある。懐かしい記憶を喚起するのである。逆に言えば、懐かしい記憶を拾い集めるには、アルバムをめくるなど、懐かしい写真を眺めるのが有効と言える。

出来事に関する記憶と同様に、写真も、必ずしもポジティブな思いを喚起するものばかりとは言えない。自分にとって嫌な時期だったと感じる頃の写真を見ると、嫌な気分になるかもしれない。だからといって、その時期の記憶に蓋をしているのがよいとは言えない。

個々の出来事に評価が貼りついているわけではないことはすでに述べたが、たとえばある写真に写っている場面や人物に対するネガティブな思いは、当時の自分が主観的に感じたものにすぎない。

その当時の出来事や人間関係、自分の置かれていた状況を、人生経験の豊かな今の自分の視点で整理し、評価し直すことで、かつてネガティブにとらえていた事柄もポジティブにとらえられるようになるかもしれない。あるいは、ポジティブとは言えないまでも、

「あの頃は自分もまだまだ未熟だったから、ものすごくショックを受けたし、許せないっていう思いに駆られたけど、たいした問題じゃなかったな」などというように、ネガティブな思いを中和することができるかもしれない。

過去に起こった出来事の素材そのものは変えることができなくても、その意味づけを変えることは、いくらでもできる。

中学の頃、いじめられていた時期があり、その頃のことは一切忘れたという人がいた。忌まわしい過去に蓋をしたい気持ちもわかる。だが、そうした悲惨な過去と向き合い、乗り越えている人もいる。そこに救済のヒントがある。悲惨な過去を乗り越えている人は、嫌な出来事にも前向きの意味を生み出している。

「あんなことがあったから、弱者をサポートするような仕事に就きたいと思うようになり、今の自分がある」

「あの辛い日々を経験した自分だからこそ、人のやさしさに敏感になれたし、人の気持ちに対する共感性も高まったのだと思う」

「あのせいで人間不信にはなったけど、その分、人に頼らない強い自分になれたと思う。今の自分にとっての課題は、人を信じることができるようになることかな」

悲惨な過去を引きずらずに、前向きに生きている人たちは、このように嫌な時期や嫌な出来事にも、その後の自分につながるポジティブな意味づけができている。

このように意味づけの大切さを念頭に置いておけば、自伝的記憶が蘇るのを恐れる必要はない。自伝的記憶の活性化のために、ぜひアルバムをめくってみよう。

アルバムをめくって写真を眺めていると、写っている場面だけでなく、そこに写っている人物に関するさまざまなエピソードやその頃の自分をめぐるさまざまなエピソードの記憶がおぼろげながらも蘇ってくる。

放送作家の向田邦子《むこうだくにこ》さんは、小学校5年生のときに鹿児島の家の庭で撮った家族7人が写る記念写真をきっかけに、当時の記憶が蘇ったという。そのときのことをつぎのように回想している。

「明日は写真屋さんが来るとなると、前の日に子供たちは床屋へ行かされた。当日は朝早く起き——別に、早起きしなくてもいいのだが、興奮して寝ていられないのである。玄関に靴をならべて何べんも磨いたり、前の晩から母が用意してくれたよそゆきの洋服をさわったりしてはしゃいでいる。私は、二、三日前から鼻の頭におできが出来、写真を写す日が近づいているのに一向に治らない。気にして掻《か》いたのが余計に障ったらしく赤く腫れていた。水で冷やしたり何度も鏡をのぞいてベソをかいていたら、父に、

『お前の鼻を写すんじゃない』

とどなられた。母が、

『今日だけは怒らないで下さいな。どなると（子供たちの）顔に出ますから』

と頼んでいる。

『オレがいつ怒った。何いってんだ』

ともう怒ったりしている。」

（向田邦子『父の詫び状』文春文庫）

１枚の写真から、その写真を無事撮影するまでのエピソードが思い出されるとともに、当時の自分の気持ちや父親の様子がイキイキと蘇ってきた。さらには、この写真をきっかけに、直接関係のない当時の懐かしい風景や匂いまでもが記憶の中から蘇ってくるのだった。

「もっとよく見ていると、家族七人のうしろに、写ってはいない桜島の姿が見えてくる。裏山に生い茂り、大風の日に雨戸を叩いて落ちてきた夏みかんや枇杷《びわ》の匂いがしてくるのである。」

このようにアルバムには眠っている懐かしい記憶を呼び起こす力がある。ゆえに、懐かしい記憶を発掘していくには、気分の良いときに、アルバムをパラパラめくりながら思い出に浸るのもよいだろう。

さらには、将来の自分にとっての懐かしい記憶を保存しておくためにも、楽しいとき、感動したときなどの光景を写真に収め、アルバムに貼ったり、電子的データを整理しておいたりするのもよいだろう。

思い出の品を取り出してみよう

被災した人々にとって、アルバムを失うことは非常に大きな心の痛手になるということはすでに指摘したが、アルバムの他にも思い出の品はいろいろあるはずだ。それらには、自伝的記憶を喚起する力がある。

私の本棚の本の前にはいろんながらくたが並んでいる。他人には何の価値もないがらくたに過ぎないわけだが、何度引っ越しても捨てることができないでいる。それは、ひとつひとつのがらくたに、それぞれの時期の私の人生の一コマが付着しているように感じるからである。

その証拠に、あるがらくたを眺めていると、学生時代にひとり旅をしているとき、土産物屋で購入し、旅の間中、首に掛けていたのを思い出す。すると、その旅の途中で知り合って盛り上がり、しばらく行動を共にした、ひとり旅の連中の顔や声の記憶が蘇ってくる。別のがらくたを見ていると、学生時代に音楽喫茶が流行《はや》っていたのを思い出し、そこで語り合っている当時の友だちと自分の姿が浮かんでくる。さらに別のがらくたに目をやると、小学校の遠足で磯《いそ》に行ったときに買ってきたものだとわかる。その遠足の詳細はまったく思い出さないのだが、バスに酔う体質だった自分は、遠足の前日は楽しみで浮き浮きしているのだが、当日の朝は不安で暗い気分に沈み、帰りはなぜか酔わないので元気にはしゃいでいた、ということを思い出す。

思い出の品の中でも、遺品となると、懐かしい人にまつわる記憶を喚起する抜群の威力をもつはずだ。作家の萩原葉子《はぎわらようこ》さんは、父親である萩原朔太郎《はぎわらさくたろう》にまつわる記憶がソフト帽や靴といった遺品に触発されたときの様子について、つぎのように記述している。

「家を出るときは、ちらっと素早く鏡で、ソフトのかぶり具合を見たりのおしゃれをしても、帰りは酔っているので、ソフトの形は、めちゃめちゃである。

あみだになったソフトの中から前髪が垂れ、それが目の上にかかっている。目はもう半分眠ったようで、そんな時の父は正体もなく酔っている時なのだった。

寒い夜など、深夜にふらふらの足取りで酔いつぶれて帰って来ると、形のなくなってしまったソフトを玄関の帽子掛けにひょいと吊し、そのまま二階の寝室へ行くのだが、玄関に残ったソフトは、まるで父の亡骸のように悲しかった。」

（萩原葉子『父・萩原朔太郎』中公文庫）

父親が愛用していたソフト帽から、それを被《かぶ》っている父の姿や行動についての記憶が蘇るとともに、父親に対する今の思いも触発される様子がイキイキと語られている。靴も同様の効果を発揮する。

「父がこれをはいていた当時は、先が丸く幅の広い靴が流行っていた。だが父は先の細くとがった幅の狭いものをはいた。今日のように細く尖った靴が流行してみると、父の靴は、それほど細くないのである。むしろ丸いくらいである。流行などに関係なく自分の細い身体に合ったものをはいていたのだろう。（中略）

不思議なことに靴で出掛ける時は、あまり酔って帰るということはなく、正体もないようになって帰る時は、和服に片びっこの下駄や女物でもおかまいなしに、はいて行ってしまう時だった。

足早の父は、先の尖った靴でどこでもかまわず一直線に歩いた。石ころをよけて歩いたり、水たまりを避けたりはしないのである。歩きかたは独特でちょっと外またのチャップリンのような足つきで、ユーモラスであった。」（同書）

父親が履いていた靴から、父親の靴の好みを思い出すだけでなく、靴で出かけるときと下駄で出かけるときでは気持ちのありようが明らかに違っていたことを思い出したり、父親の歩き方の癖を思い出したりしている。

このように、遺品は、自伝的記憶の中に息づいている人物にまつわる記憶を活性化する威力をもっている。

日記を紐解いてみよう

人が日記を書く動機にはさまざまなものがあり得るだろう。

人生の岐路に立って悩むとき、自分の思いを整理するために、日々の思いを記すということもある。人には言えない思いを密《ひそ》かに書き記したり、人に直接ぶつけることのできない激しい感情を日記に吐き出したりするということもある。ここらで自分の生活を一新しようという際に、安易な方向に自分が流されないように自分を追い込むべく、その意気込みを日記に記すということもあるだろう。

自意識が高まり、自分の生き方について考えざるを得なくなる思春期から青年期に、日記をつけた経験のある人は少なくないはずだ。だが、その後も継続的に日記を書き続けるのは、きわめて少数派だ。日常の雑事に追われ、つい億劫《おっくう》になってしまう。

ところで、右にあげたような動機は、主観、つまり自分の中の思いを大事にし、自分自身の内面の動きに関心の強いタイプが抱くものだが、淡々と事実のみを記す日記もある。そのような日記は、備忘録のような意味をもつのだろうが、「何があった」「どこに行った」「だれと会った」といった記述だけだとしても、それをきっかけに自伝的記憶が活性化されるものである。

ましてや、出来事にまつわる思いや日々の感情が綴《つづ》られている日記を読めば、当時の自分との出会いと言ってもよいほどに、主観的内面まで含めて自伝的記憶が活性化される。日々の出来事やそれにまつわる思いを綴った日記は、まさに自伝的記憶の素材の宝庫といってよい。自分の若き日の日記を読むのは何とも気恥ずかしいものだが、そこにはかつての自分が息づいている。それを読むと、当時の自分の状況が思い出され、懐かしい記憶がつぎつぎに引き出されてくるはずだ。

他人に覗《のぞ》かれる心配のない自分の頭の中の記憶と違って、日記は他人に読まれる恐れがある。たとえ生前に盗み読みされる恐れのない場合でも、自分の死後にだれかの目に触れる可能性がある。そのためどんなに正直に書いたつもりの日記であっても、そこには他人向けのポーズが無意識のうちに入り込んでいるものである。

しかし、考えてみれば、私たちの自己意識自体が他人を意識してのものである。ゆえに、他人に向けたポーズも含めて当時の自分をあらわしているのであり、日記は過去の自分と出会うことを可能にしてくれる記憶の貯金箱といってよいだろう。

著名人の日記を読む楽しみは、その人の心の内面を窺い知ることができるところにある。

詩人中原中也《なかはらちゅうや》の日記を読むと、現実生活に対する違和感、俗っぽい常識人への嫌悪など、鋭敏な感受性をもつゆえの苦悩、そして世間からしたら特殊で逸脱した自分の感受性や生き方をいかに理詰めで正当化するかに腐心しつつ葛藤《かっとう》している心模様が窺える。


「つねに我々には、その魂が大きければ大きい程、現實に對する反撥性がある。」

「佐藤春夫の詩が象徴とならないのは彼の孤獨が淡泊だからだ。純粋性がまだ足りないからだ。」

「私が穩《おとな》しくないのは偏へに周圍が愚雑だからだ。」

「苦しまない人の仕事はつまらない。」

「俗人は嘘をつく。

そして嘘とはどんなものかを分つてはゐないのだ。

その理由は何處にあるかといへば頭の惡いことだ。頭が惡くて愛がある人つてのは私には考へられない。」

「報告的事實しか話さない人は、何者でもないのだ。」

「常識だけしか持つてゐない人といふものは、尤もなつもりでやつてゐることがみんな横暴なことでしかないものだ。而もそれを誰が見ても穏やかな態度でやるのだからたまらない。」

「輿論の子！　凡庸主義！　誰にでも一様に向けてゐる微笑！　――これらはすべて利己主義の現れでしかないのに、世間一般は『物の分つた人』といふ。」

「世間一般の人には事勿《ことなかれ》主義以外のどんな主義もありはせぬ。事勿主義といふものは、事そのことを少しも見はせぬ。（中略）事をみないで事の影響の利己的一面だけを見る。」

（『中原中也全集　第4巻　日記・書簡』角川書店）

歩く、飲む、作るといった活動を人生を構成する三要素とする三位一体の人生を貫いた、漂泊の俳人種田《たねだ》山頭火《さんとうか》は、大量の日記を残している。それを読むと、山頭火の人間味と生きざまが鮮やかに浮かび上がってくる。

「まつたく一文なしだ、それでもおちついたもので、ゆう〳〵と西へ向ふ、三時間ばかり川尻町行乞、久しぶりの行乞だ、むしやくしやするけれど、宿銭と飯代とが出来るまで、やつと辛抱した。宿について、湯に入つて、ほつとする、行乞は嫌だ、流浪も嫌だ、嫌なことをしなければならないから、なほ〳〵嫌だ。」

「ありがたい手紙が来た、来た、来た。

やつと謄写刷が出来た、元寛居を訪ねて喜んで貰ふ、納本、発送、うれしい忙しさ。

入浴して煙草を買ふ、一杯ひつかける。……

生きるとは味ふことだ、物そのものを味ふとき生き甲斐を感じる、味ふことの出来ないのが不幸の人だ。」

「金がある間は行乞など出来るものでない、また行乞すべきものでもあるまい、私もとう〳〵無一物、いや無一文になつてしまつた、(中略)明日からは本気で行乞しよう、まだ〳〵袈裟を質入しても二三日は食べてゐられるが。」

(『山頭火全集　第三巻』春陽堂書店)

「底力のある生活を生活したい。

私から酒をのぞいたら何が残る！(と私はしば〳〵自問自答する)句が残るだらうか？」

「酒が悪いのぢやない、飲み方が悪いのだ、酒を飲んで乱れるのは人間が出来てゐないからだ、人間修行をしっかりやれ。」

（『山頭火全集　第四巻』春陽堂書店）

山頭火の日記には、自身の人間的な弱さと自己嫌悪、向上心と決意が素直に記されており、そうした素直な記述は当時の山頭火の生きざまを彷彿《ほうふつ》させる。

このような日記は、すっかり忘れてしまったかつての自分との出会いをもたらしてくれる。日記は、自伝的記憶の失われた部分の復元に絶大な威力を発揮してくれる。

かつて日記をつけたことがあるという人は、ぜひ日記を探してみよう。自分の日記を読むのは、恐ろしいほどの気恥ずかしさを伴うものだが、豊かな自伝的記憶をもつために、気恥ずかしさに打ち克《か》つ勇気をもって読んでみるのがよいだろう。

自分はこんなことを考えていたのか。自分も真剣にいろいろ考えていたんだなあ。自分もけっこう繊細な感受性をもっていたんだなあ。そういえばそんなことがあったなあ。あの頃はこんなことを悩んでいたのか。そんなふうに忘れていた自分を再発掘できるはずだ。

今の視点から掘り起こしてみると、かつて深刻に悩んだことも、余裕で思い返せるようになる。時が解決してくれると言われることがあるが、人生経験を積んだ目でみると、当時は立ち直れないくらいに落ち込んだ出来事も、今の自分を育ててくれた試練としてポジティブな意味づけができたりするものである。

自伝的記憶の中に眠っているネガティブな意味をもつ出来事を再検討し、ポジティブな意味づけをしていくためにも、日記はとても役に立つ。

昔読んだ本を読んでみよう

自分が書いた日記と違って、当時読んだ本というのは、他人が書いたものではあるが、どんなきっかけでその本を読んだのか、読みながらどんなふうに感じ何を考えたのかなど、その頃の自分の内面を知るヒントを与えてくれる。

本棚には、「そういえば、この本は面白かったな」と懐かしく思う本があるかと思えば、「あれ、こんな本、読んだっけ？　なぜこんなものを読んだのだろう」と不思議に思う本があったりする。今の自分が読まないような本を昔の自分が読んでいるというのは、けっして珍しいことではない。同じ人間でも、さまざまな経験を重ねることで、価値観も変われば、性格も変わる。状況が変われば、迷ったり悩んだりすることも変わるし、求めるものも変わってくる。

かつて自分が読んだ本の中には、当時の自分の置かれた状況や内面を知る手がかりがちりばめられている。そこには懐かしい自分の生活の影がみられる。ゆえに、かつて自分が読んだ本を読み返してみることで、懐かしい自伝的記憶を豊かにすることができる。

私自身、ずっと前に読んだことがある本を読むと、その当時の自分の置かれた状況を思い出し、懐かしい思いに包まれる。私は本を読みながら線を引くクセがある。共感するところ、重要だと思うところ、参考になるところに線を引く。それがまた当時の自分を思い出す手がかりになる。

読みながら、なぜこんなところに線を引いたのだろうと不思議に思うことがしばしばある。線を引いたのは自分なのに、なぜ線を引いたのかがわからない。

それは、前に読んだときと今読んでいるときとで、考えていることや求めているものが違うからである。自分が今置かれている状況や日頃感じていること、考えていることが違えば、共感する箇所は当然違ってくるだろう。たとえば、昔は生きる指針を求めていた、今は作家の生い立ちに関心がある、ということになると、重要だと思う箇所が違ってくるはずだ。

ここから言えるのは、同じ本でも、読む側の視点によって、感じ取るものがまったく違ってくるということである。言い換えれば、視点が変われば、同じ本についても新たな発見があるため、本のもつ意味も違ってくる。

これを人生に当てはめても同じことが言える。同じ自分自身の人生でも、20歳の頃の受け止め方と40歳になった現在の受け止め方では、大きな違いがあって当然である。その間のさまざまな人生経験が、人生観や人間観を揺さぶり、自分の人生に対する見方を変えさせているはずだ。それによって、自伝的記憶を評価する視点が変わっているに違いない。たとえば、20歳の頃には思い出すのも嫌だった経験も、40歳になって振り返ったときには笑い飛ばせる苦い経験といった感じになっているかもしれないし、あれがあったからこそ今の人生があるというようにポジティブな意味をもつものになっているかもしれない。

これについては、つぎの第6章で解説することにしたい。

昔聴いた曲を聴いてみよう

マドレーヌを紅茶に浸して口にした瞬間、何だかわからないけれども、素晴らしい快感が走り、身震いした。漠然とした心地よさの正体を見極めようと精神力を集中していると、突如として、子どもの頃、よく叔母《おば》が紅茶か菩提樹《ぼだいじゅ》のお茶に浸して差し出してくれたマドレーヌの味を思い出した。すると、叔母の部屋があった古い家や庭の光景が浮かび、それをきっかけに、長年忘れていた当時過ごした村の人々、庭園の花々、川の睡蓮《すいれん》、小さな家々、教会、近郊の風景などが、はっきりとした形をとりながら、その一杯のお茶の中から町となり庭となって現われてきた。

これは、すでに第1章で紹介したが、プルーストの『失われた時を求めて』の中に記されている、有名なマドレーヌのエピソードである。このように味覚が古い昔の記憶を喚起するということもあるだろうが、実際には、聴覚的刺激によって古い記憶が喚起されることの方が多いのではないだろうか。

私なども、若い頃に聴いた曲を聴くと、懐かしさが込み上げてくる。喫茶店やバーで流れているのが若い頃によく耳にした曲だったりすると、懐かしい思いになるだけでなく、当時の記憶が突然蘇ったりする。この曲が流行っている頃は、こんなことがあったな、こんな気分で毎日を過ごしていたな、などと久しく思い出すことのなかった出来事や自分の状況を思い出したりする。

学生時代の友だちとの集まりの場で、若い頃に流行った曲がバックグラウンドミュージックとして流れると、だれかの「懐かしいな」という声で急に話題が変わり、その曲がよく流れていた当時の思い出話に花が咲いたりする。

中高年向けに昔の流行歌を披露するテレビ番組がよくあるが、懐メロというのは、いつの時代にも人の心に染みこむ魅力をもつものだ。

このように懐かしい曲には、当時の記憶を蘇らせる力がある。試しに昔よく聴いた曲を思い出してみて、久しぶりに聴いてみたらどうだろうか。よく聴いた曲といっても、時代によっていろいろあるはずだ。

学生時代によく聴いた曲。失恋した頃によく流れていた曲。20代の頃にカラオケでよく歌った曲。デートしていた頃に一緒によく聴いた曲。子どもが小さい頃に子どもと一緒によく聴いたり歌ったりした曲。30代の頃によく口ずさんでいた曲。仕事で行き詰まり毎日悩んでいた頃によく流れていた曲。仕事で疲れて帰ると、気分転換によく聴いていた曲。どの曲を聴くかによって、活性化される自伝的記憶は異なってくるはずだが、いろいろな時期の馴染みの曲を聴くことで、懐かしい記憶を掘り起こしていけるに違いない。

旧友との語り合いの場をもとう

若い頃は今を必死に生きているといった感じだが、ある年頃から昔を振り返るようになる。そして、昔の仲間たちとの語り合いの場を求める人が増えてくる。

厳しい現実社会に適応するために、嫌でも自分を曲げなければならないことがいくらでもある。

仕事のノルマをこなすためには、私生活を犠牲にせざるを得ないこともある。若い頃は、家庭を大事にしようと思っていたのに、いつのまにか家族生活をないがしろにせざるを得ない日々となっている。

人々のためになる生き方をしたい、社会貢献につながるような仕事をしたいと思っていたはずなのに、会社の方針に従って必要もないモノをいかに消費者に売りつけるかに腐心している自分がいる。

日々向上心をもって生きていきたいと思っていたのに、仕事で疲れ切ってしまい、帰宅後も休日もゴロゴロするばかりで、本を読むこともなく、思索に耽《ふけ》ることもなく、惰性に流されて怠惰に暮らしている自分がいる。

だれにも恥じることのない真っ当な人生を生きたいと思っていたのに、組織内の派閥争いに巻き込まれ、陥れたり、陥れられたりといった醜い世界にどっぷり浸《つ》かってしまっている。

そんなとき、学生時代の友だちと会うと、かつての自分を思い出し、自分の原点から遠く離れてしまっている自分に改めて気づき、「これじゃいけない」「何とか生活を変えなければ」といった思いに駆られる。そのような意味で、旧友との語り合いの場は、自分らしさを取り戻すきっかけとなる。

それに加えて、旧友と語り合うことには、懐かしい記憶を発掘するきっかけを与えてくれるといった意味がある。ただ目の前にある写真や品物と違って、相手の側からの反応もあるという点では、旧友と語り合うというのが、懐かしい記憶を引き出すには一番有効な方法と言える。

昔の友だちと会って、学校時代の思い出話をしたり、その後のつきあいの中での思い出話をしたりすることで、日頃忘れていた懐かしい記憶がつぎつぎに蘇ってくる。とくに思い出話をしない場合でも、友だちと会うことで、今の現実をしばし忘れ、その友だちと一緒に過ごしていた頃の自分に戻る部分があり、そこから懐かしい記憶が蘇ってきたりする。

その意味でも、旧友と会ってあれこれ語り合うのも、懐かしい記憶を掘り起こすにはお勧めの方法だ。

第6章　記憶の貯蓄と記憶の塗り替え

自尊心も記憶しだい

人生史を聴き取る調査を長年にわたって行ってきたし、職業がら自信がないという人の相談に乗ることも多いが、自分に自信をもてるかどうか、自尊心をもてるかどうかも、記憶しだいと言ってよい。

頑張って困難を乗り越えた経験のある人、何かで成功した記憶のある人は、そうした記憶が自尊心のもとになっている。

何かでうまくいったということがないし、何をやってもダメだったという人もいるだろう。頑張って何かが実ったというように、努力が報われたことがないから、自信などもてるわけがないという人や、みじめなことだらけで誇らしいことなんか何もないという人もいるかもしれない。

そのような人でも、自伝的記憶をていねいにたどってみれば、頑張った自分、健気《けなげ》な自分がきっとどこかにみつかるはずだ。結果としてうまくいかなくても、努力が実るということがなくても、頑張った自分がいるということは、自尊心の根拠として十分ではないだろうか。

結局レギュラーにはなれなかったけれども、3年間辞めずに続けた部活の記憶。気の合う友だちができなくても、休むことなく通い続けた中学の記憶。成績は良い方ではなかったものの、勉強を投げ出さずに、定期試験の勉強をしっかりやっていた高校時代の記憶。結果的に浪人しても志望校に入れなかったけれども、受験勉強に打ち込んでいた青春時代の記憶。出世とは無縁だが、腐らずに働き続けている自分の会社生活の記憶。仕事はきついし、ストレスが溜《た》まるけど、家族のために必死に働いている自分についての記憶。やりたい仕事には就けなかったけど、まじめに働いて職場で信頼を得ている自分についての記憶。

そうした記憶さえあれば、べつに成功体験の記憶がなくても、十分に自尊心をもつことができるはずである。

人から支えられた記憶、大切に思ってもらえた記憶も、自己価値観につながり、自尊心を高めてくれる。

家族から大切にされた記憶。学校の先生や部活の先輩が目を掛けてくれたり、期待を示してくれたりした記憶。悩んでいるときに友だちが親身になって相談に乗ってくれた記憶。よく一緒に過ごした友だちグループのお陰で楽しく暮らしていた時期の記憶。

そうした記憶があれば、自分にも価値があると実感でき、自尊心をもつことができる。だれもがひとりでここまでたどり着いたわけではない。人との出会いやかかわりによって、自分のさまざまな面が引き出されたり、強化されたりするものである。

自分はどうやって「今の、この自分」になったのだろうか。そう自問しながらこれまでの人生を振り返ることで、何らかの発見があるはずだ。

自分の中には、さまざまな他者が息づいている。

とくに私たち日本人の場合、間柄の文化を生きている。自己中心の文化を生きている欧米人のように、他者に影響を受けにくい一定不変の自己を生きているのではない。相手によって自分のことを「私」と呼んだり、「僕」と呼んだり、「オレ」と呼んだりするように、相手によって引き出される自分が違ってくる。ゆえに、人とのかかわりの記憶も、自尊心に大きく影響する。

自尊心をもち、前向きに生きていくためにも、頑張った記憶や人から支えられた記憶などを求めて、自伝的記憶を探ってみるようにしたい。

ネガティブな記憶に馴染《なじ》むことがうつを生む

うつ気分に陥りやすい人は、ネガティブな記憶を反芻《はんすう》する傾向をもっていることが多い。すでに解説したように、気分一致効果により、ネガティブな気分のときに過去を振り返ると、その気分に馴染《なじ》む記憶、つまりネガティブな出来事の記憶が想起されやすい。ネガティブな記憶が想起されれば、嫌な気分になり、ますます落ち込む。

こうしたネガティブな気分とネガティブな記憶の悪循環を断ち切るには、気分が落ち込んでいるときは過去を振り返らないようにするのが有効だ。気分が落ち込んでいるときに過去を振り返り、嫌な出来事の記憶を反芻するのは禁物と言える。

うつ病患者の記憶力が悪いと言われたり、うつ傾向の強い人は過去の記憶が非常に大ざっぱで具体的なエピソードをあまり思い出せない、いわゆる超概括的記憶をもつというのも、そこに理由がある。ネガティブな気分とネガティブな記憶の悪循環を断ち切るための自己防衛の心理メカニズムが作動しているのだと考えられる。

こうした心理メカニズムをヒントに考えれば、ネガティブな記憶を引き出さないように、気分が落ち込んでいるときには過去を振り返るのをやめるのが、前向きな心の構えを維持するために必要不可欠な方策と言える。

それに加えて、大事なことがもうひとつある。それは、第4章でも強調したことだが、ネガティブな出来事にもポジティブな意味をもたせるようにすることだ。

人生というのは、思い通りにならないことだらけだ。「なんでこんな目に遭わされなきゃいけないいんだ」「どうしていつもこうなんだ」などと落ち込む経験はだれにもあるはずだ。それでも前向きに生きている人もいる。それは、ネガティブな出来事の中にもポジティブな意味をみつける習性が身についているからだ。

すべてが思い通りになる人生などあり得ない。世の中で何らかの突出した実績を出して注目されている人の特集などを見ても、多くの困難を乗り越えてきたから今があるといった感じのものが目立つ。困難を乗り越える力。それはポジティブな意味づけ力によるところが大きいのではないだろうか。

ネガティブな出来事が起こらないようにするのは不可能だが、その受け止め方を変えることはできる。ネガティブな出来事にもポジティブな意味づけができるようになれば、どんな人生も前向きに生きることができるだろう。

未来は過去に似てくる?

哲学者のヒュームは、「なぜ未来は過去に似るのか?」という問いに対して、私たちは過去に似たものとしてしか未来を考えられないからだという。

ヒュームは、ある出来事の後に別の出来事が起こると、人はそこに因果関係を想定しがちであるが、こうした必然性は心の中にある蓋然《がいぜん》性にすぎず、過去の出来事と未来の出来事の間には必然的な関係はあり得ず、それは人間が勝手に想定するものだと主張した。原因とみなされる出来事と結果とみなされる出来事をつなぐものは、経験から未来を予測する心理的習慣だというのである。だから私たちは、過去に似たものとして未来を予想するというわけだ。

実際、私たちが自分の未来を予想する際には、これまでの自分の人生の軌跡を前提として、その延長線上に自分の未来を描くものである。自分の過去に関係なく描かれた未来予想図などは、何の説得力ももたない。

仕事でパッとしない人生を送っている人が、いきなり起業して成功する自分を思い描くなどあり得ないだろう。起業して成功する自分の未来予想図を描くためには、何らかの実績が必要だ。こういうことはうまくできているといった過去の実績があってはじめて、将来うまくいっている自分を思い描くことができるのである。

将棋の羽生《はぶ》氏は、勝負所で何よりも大切なのは直感力だが、それは何もないところからパッと突然思い浮かぶようなものではないという。まったくゼロの状態から生まれるものではなく、それまでに経験したことの中から必要なものが瞬間的に浮かび上がってくるのである。つまり、直感力というのは、これまでに自分が経験したことや覚えてきた知識の中から、瞬間的に取捨選択して判断する能力なのだという。

今自分が直面している状況に最も適した対処法を瞬時に判断するのが得意な人は、魔法のような力をもっているわけではなく、今この瞬間に必要な情報を、これまでの経験や知識の蓄積の中から的確に引き出せるように、記憶の整理ができているのである。

このように、未来を思い描くにも、直感力を働かすにも、記憶が深く関係しているのである。

明るい展望が前向きの気持ちを生む

刹那《せつな》的に生きる人は明るい展望をもてないでいる、と言われることが多い。非行少年の研究などでも、そのような結果が示されている。

それは考えてみれば当然のことだ。明るい展望を描くことができれば、そのために今は苦しくても頑張るとか、我慢するといった行動が取れるだろうが、明るい展望もないのに、将来のために今苦しいのに頑張るとか我慢するというのは難しい。できるだけ楽をしたい、今が良ければそれでいい、と刹那的になるのもやむを得ない。

落ち込みやすく、前向きに生きる力強さが感じられない人には、明るい展望が描けず、何かにつけて悲観的になりがちな心理傾向がみられる。

厳しい現実をうまく生きていくために必要な心の知能指数と言われるＥＱにも、楽観性という要素があるが、未来を楽観できずに前向きに生きることなどできないだろう。明るい未来を思い描けず、未来に可能性を感じられないのに、辛《つら》さに耐えて頑張るとか、困難に立ち向かうとか、地道に努力を続けるというのは難しい。

では、どうしたら楽観的になれるのか。明るい展望が描けるのか。

逆に考えてみよう。なぜ明るい展望が描けないのか。それは、過去のデータが否定的な未来を指し示しているからだ。すでに指摘したように、未来予想図は過去の実績をもとに描かれる。

その過去の実績、つまり過去のデータというのは、出来事そのものではなく、出来事に対する評価、つまり素材そのものでなく評価を伴うものであるから、ひとつの解釈に過ぎない。

そうであるなら、思い通りにならないことだらけだったから明るい展望が描けないのも当然、などと開き直るのはおかしい。過去の出来事に対する評価をポジティブな方向に変えることができれば、明るい展望が描けるようになるはずだ。

それはけっしてデータの改ざんなどではない。再三強調しているように、私たちの過去は固定されたものではなく、特定の視点から意味づけられたものだからだ。視点が変われば、出来事のもつ意味が変わってくる。

同じ事件に対して、日本と韓国の歴史的解釈が違ったり、アメリカとロシアの評価が違ったりするのと同じだ。出来事のもつ意味は、みる側が当てはめる構図によって違ってくるのである。

ゆえに、前向きに生きるために明るい展望を描けるようにするには、過去の実績をネガティブにしか評価できない自分自身の視点を揺さぶることが必要だ。

記憶は塗り替えられる

記憶というのは、写真やビデオ映像のように固定されたものではなく、非常に揺らぎやすく不安定なものである。だから記憶は塗り替えることができるのである。

そのように言うと、まやかしのように感じる人もいるかもしれない。だが、記憶のすれ違いがそこらじゅうで日常的に起こっていることが、記憶がいかに揺らぎやすいものであるかを示している。

客が注文した通りに商品を取り寄せたのに、自分が注文したのはこれではないと言い張る。

その友だちから以前に聞いた話なのに、そんなことを言った覚えはないという。

そんな約束をした覚えはないのに、今日は一緒に出かけることになってたじゃないと家族から言われる。

たしかに相手方がそう言った記憶があるのに、取引先の担当者はそんなことは言ってないという。

このような記憶のすれ違いは、だれもが始終経験しているのではないだろうか。

事実はひとつだとしたら、なぜそんなことが起こるのか。それは、記憶されているのは「事実」ではなく「解釈」であり、事実に「意味づけ」されたものだからだ。

人は意味を手がかりに思い出す。自分にとって重要な意味をもつ事柄はよく覚えていても、あまり重要な意味をもたない事柄はすぐに忘れてしまう。さらには、自分が感じる意味にふさわしい方向に記憶が歪《ゆが》む。

たとえば、私は古典的な実験を模して、こんな実験を行った。

2つの円を直線でつないだ図形を見せて、形を覚えてもらう。半分の人たちが見る図形の下には「メガネ」と書き、残りの半分の人たちが見る図形の下には「鉄アレイ」と書いておく。しばらく時間をおいてから、さっき見た図形を思い出して白紙に書いてもらう。

すると、同じ図形を見て覚えたはずなのに、「メガネ」と書いてある図形を見た人と「鉄アレイ」と書いてある図形を見た人では、思い出す図形に違いがみられたのである。

「メガネ」と書いてある図形を見た人の場合、いかにもメガネらしく、線分が短くて2つの円が近寄っている。それに対して、「鉄アレイ」と書いてある図形を見た人の場合は、いかにも鉄アレイらしく、握りの部分に相当する線分が長くなり、2つの円は遠ざかっている。

この結果からわかるのは、私たちは図形を思い出すにも、意味を頼りにしているということである。「あれはメガネだったな」と思いながら想起するとメガネらしく2つの円が近寄り、「あれは鉄アレイだったな」と思いながら想起すると鉄アレイらしく2つの円が遠ざかる。

これは、私たちの記憶が意味づけによってつくられていることの証拠と言える。ここから、意味づけを変えることによって、過去の記憶をネガティブなものからポジティブなものへと塗り替えていくことができることがわかる。

思い出す視点を揺さぶることによる記憶の塗り替え

当時はどうにもならない窮状と思えたことも、今思い返してみると、そんなにたいしたことではないように感じられることがある。当時ははらわたが煮えくり返るように腹立たしかった出来事も、今では笑える滑稽《こっけい》な出来事に感じられることもある。

このようなことが起こるのは、自分が成長し、ものごとを評価する視点が変わったからである。まだ人生経験が浅い時点と、辛酸をなめて人生経験を積んだ時点では、同じような目に遭っても感じ方は違うはずだ。

出来事に絶対的な意味があるわけではなく、視点がそれがもつ意味を決める。

そこを利用して、視点を揺さぶることで、ネガティブにしか思えなかった出来事のもつポジティブな意味を模索するのである。

それは、出来事を自分に都合よく書き換える、つまり改ざんではないかと、批判的にみる人もいるかもしれない。だが、解釈というのは、何でもありではない。それなりの根拠をもって意味づけがなされるのである。

そもそも出来事のもつ意味というのは、ひとつしかないわけではない。どんな出来事でも、見方によってさまざまな意味をもたせることができる。老婆にも見えれば若い女性にも見える多義図形や、鳥にも見えればウサギにも見える多義図形があるが、どんな出来事も多義図形のようなものだ。

恋人に裏切られて泣き暮らした経験も、思い出すのも嫌な悲惨な出来事とみなすこともできるだろうが、人生にはこういうこともあるんだと痛感させられ、挫折《ざせつ》への抵抗力をつけてくれた教訓となる出来事とみなすこともできるだろう。

受験で志望校に入れなかったことが自分の下り坂の人生の始まりだったという人もいれば、滑り止めの学校に行かざるを得なくなったときは挫折感に打ちひしがれたけど、そこで出会った友だちは生涯の友になったし、あの学校で良かったとつくづく思うという人もいる。志望校に入れなかったことの意味づけにもいろいろあるわけだ。

過去の出来事を思い出すとき、その出来事を今の視点で意味づけることになる。後悔するのも、腹立たしく思うのも、懐かしく思うのも、当時の自分ではなく今の自分である。

過去を振り返り、過去の自分と出会うことでもたらされる再発見は、当時の自分の視点ではなく、今の自分の視点によってもたらされるものである。

ゆえに、ネガティブな出来事のもつポジティブな意味を模索するには、視点を揺さぶることである。

記憶を揺さぶる新たな視点を手に入れるには

視点が変われば、過去の出来事に対する評価も変わる。ゆえに、ネガティブな出来事にもポジティブな意味を見出《みいだ》せるようにするためには、新たな視点から人生を振り返れるようにすることが必要だとわかる。新たな視点から記憶を揺さぶるのである。

そのためには、ひとつには自分が人生経験を積むことで成長するというのが有効ではあるが、それは非常に気長な話である。そこでもうひとつの方法として、他人の視点を自分の中に取り込むことを積極的にするのが有効である。

一番手っ取り早いのが、人と語り合うことだ。

旧友と久しぶりに会い、思い出話をしていると、お互いが記憶していることがこれほど違うのかと驚かされることがあるだろう。私なども、そのようなことをしばしば経験する。

学生時代に目の前の2人が激しく口論し、私が仲裁したことがあるのだが、その話題になると2人ともまったく記憶になく、「また話をつくっちゃうんだから」などと言われる。当事者たちの記憶にないと、それはなかったことになってしまう。

若い頃に一緒に旅行したときの話で盛り上がったときも、こっちが覚えてるエピソードを相手は覚えておらず、「そんなことあったっけ？」となる。逆に、向こうがもち出すエピソードをこちらはまったく思い出せず、「そんなことあったかなあ」となる。

同じときに、同じ場所で、同じことを経験しているはずなのに、人によって視点が違うために、記憶している内容も印象もまったく違うのだ。

これを応用しない手はない。新たな視点を手に入れるため、他の人の視点を取り入れるのだ。それによって自分の過去も違った視点から振り返れるようになる。

そのために有効なのが、人と語り合うことだ。じつは、普段あまり意識していないかもしれないが、私たちは人と話しながら相手の視点を取り込むという心の作業をしているのだ。

それは、思い出話に限らない。

たとえば、今の仕事は収入が低い割にはきつくて、報われないとこぼしたとする。相手がそのまま納得してくれたら、視点の変更は生じない。だが、自分の仕事に比べたらずっと報われているじゃないかと相手が思っている場合は、こちらの言い分になかなか納得してもらえず、相手の視点から疑問を突きつけられたり、アドバイスされたりするため、こちらもああだこうだと視点を変えて説明し直すことになる。そうしたやりとりによって視点が揺さぶられ、「見方を変えれば、そうかもしれないな」と思えてきたりする。

上司からこんなことを言われた、ほんとにムカつく、許せないと、別の友だちに息巻いていた人がいたとする。「それは酷《ひど》いね」「許せないね」と同調するばかりの友だちでは視点が揺さぶられることはないかもしれない。だが、冷静な友人で、上司の立場からしたらこういった事情もあるのでは、というように本人の中になかった視点からの説明をされると、「なるほど、そういうこともあるかもしれない」と思えてきて、気持ちが落ち着いてきたりする。そこでも視点の揺さぶりが生じている。

会社を辞めたいといきり立っていた人物が、人に相談し、自分の思いを話しているうちに、辞表を出すのを思い止《とど》まるというようなときにも、このように視点の揺さぶりが生じ、相手の視点を取り込むことによる視点の転換が起こっているのである。

人との語り合いを豊かに経験することで、いろんな視点からものごとをみることができるようになれば、人生を振り返る際にも、かつては辛く嫌な出来事と思われた自分の経験や境遇が、それほどでもないと思われてきたりする。

対話というのは、相手が納得してくれないかぎり、先に進めない。相手が「そう、そう」「なるほど、わかる」「たしかにそうだなあ」と納得してくれれば視点の揺さぶりは生じないが、「そうかなあ」「ちょっと違うんじゃないか」「何だか考えすぎのようにも思えるけど」というように疑問をぶつけられると、相手の視点に想像力を働かせて、相手の視点に立った場合も納得のいくような説明をしなければならない。そうしたやりとりをしているうちに、相手の視点が取り込まれ、それまでとはちょっと違った視点から自分の経験や状況を振り返ることができるようになるのである。

何か悩みごとがあるとき、だれかに話したくなるものだが、私が提唱する自己物語の心理学の立場からすれば、それも今の自分の視点では消化しきれない出来事や状況に対して、うまく消化するのに役立つ新たな視点を求めてのこととみることができる。自分の身に降りかかったネガティブな出来事、自分が追い込まれた状況を何とか乗り越えていくには、少しでもポジティブな意味づけができるような視点を獲得できるかどうかが鍵《かぎ》となる。

自分の悩みや苦しい気持ちを人に語るとき、思いを吐き出すことでスッキリするというカタルシス効果を得ているだけでなく、新たな視点の模索もしているのである。

新たな視点を手に入れるために有効なもうひとつの方法として、本を読むことを勧めたい。

いろんな視点に触れる必要があるとはいっても、現実に会って語り合えるような人は、どうしても限られる。とくに胸の内を明かすような深い話までできる相手は、似たような環境に身を置く人物であることが多く、経験も価値観も似ており、そう違った視点をもっているわけでなかったりする。

それに対して、本を通して出会える作家や登場人物というのは、自分とはまったく別世界の存在だ。生い立ちも、性格も、能力も、価値観も、生きている状況も、まったく違っていたりする。

本を通して触れる世界には、日頃の自分には思いも及ばない視点があったりする。そこまで異質なものでなくても、作家や登場人物の境遇や感受性、ものの見方や行動パターンに触れながら、「これは自分より大変な境遇だなあ」「そんなラッキーなことが起こることもあるんだなあ」「こんな受け止め方もあるんだなあ」「やたらタフだなあ」「なんだか気楽な人だな」「それはちょっといじけすぎだろうに」「そこまで考えるか」などと心の中で反応しながら読んでいるうちに、いつの間にかこちらの視点が揺さぶられている。それによって新たな気づきが得られたり、自分の境遇やさまざまな経験が相対化され、これまでとは違ったふうにみえてきたりする。

そうした効用もあるので、大いに読書をすべきである。

人と語り合うことは大事だとか、本を読まなければいけないなど、多くの人生論で言われてきたことは、記憶論からみてもしっかりとした科学的根拠があるのであり、記憶健康法からしても非常に大事なことと言える。

人生を肯定的に振り返れるようになることが大切

これまで高校生から高齢者まで数百人の人たちを対象に、私が開発した自己物語法の面接を行ってきた。記述式を加えれば、千人を大きく超える人たちの自己物語を抽出してきた。面接をした人たちには、時間をおいて何度か繰り返すことで、必要に応じて記憶の中に保持されている自己物語の塗り替えのサポートをしてきた。

多くの人々の自己物語を聴取し、ときにその記憶の塗り替えを手伝うことを通して、つぎのような確信を得るに至った。それは、人生の善し悪しはライフイベントで決まるのではなく、それらをどう意味づけるかで決まるということである。

自分の人生はそれほど悪くないと満足げに語る人が、自分の人生は失敗だったと愚痴っぽく語る人と比べて、必ずしもポジティブな出来事に恵まれていたというわけでもない。むしろ、ネガティブな出来事を多く経験していたりすることさえある。それでも肯定的に振り返ることができるため、前向きでいられるのだ。

後悔することはもちろんいろいろあるし、辛かったこともあるけど、まあ人生ってこんなものだろうし、それなりに良い人生だったと思うと語る人の方が、自分の人生は嫌なことばかりだったと語る人よりも、多くの困難な目に遭っているということも、けっして珍しくはない。

ここでわかるのは、人生に納得し満足するかどうかは、出会った幸運の数や不運・困難の数で決まるのではなく、それらに対する主観的な評価で決まるということだ。不運な出来事や困難の数よりも、それらをどう評価し、どう対処してきたかが問題なのである。

親との不和、受験の失敗、不本意入学、親友との仲違《なかたが》い、不本意な留年、失恋、就活の失敗、やむをえぬ転職、仕事上の失敗、上司との折り合いの悪さ、顧客とのトラブル、配偶者との不和、離婚、蓄財の失敗、会社の倒産、リストラによる解雇、病気やケガなど、生きていれば思いがけない困難にしばしば見舞われる。

このような困難な事態を経験しないことが納得のいく人生につながり、前向きに生きる姿勢につながるというわけではない。人生を前向きに歩んでいる人には、記憶健康法の視点からみて興味深い共通点がある。

それは、過去を振り返る際に、かつて身に降りかかった困難に対して、「今の自分にとっての糧になっている」といった意味づけをしている、ということだ。

あの厳しい状況の中で、精神力が鍛えられた。頑張っても報われない経験をしたことで、人に対して寛大になれた。いろいろと辛い目にあったお陰で、人の気持ちがわかるやさしい人間になれた。家庭的に恵まれなかったから、家庭を大切にするようになれた。大きな挫折を経験したことで、人間的に成長することができた。

このような感じで、ネガティブな出来事や状況にもポジティブな意味を見出すことができる人が、人生を前向きに生きることができるのである。

榎本博明（えのもと・ひろあき）
心理学博士。1955年東京生まれ。東京大学教育心理学科卒。東芝市場調査課勤務の後、東京都立大学大学院心理学専攻博士課程中退。川村短期大学講師、カリフォルニア大学客員研究員、大阪大学大学院助教授等を経て、現在MP人間科学研究所代表、産業能率大学兼任講師。主な著作に『「過剰反応」社会の悪夢』『正しさをゴリ押しする人』（いずれも角川新書）、『かかわると面倒くさい人』（日経プレミアシリーズ）、『「対人不安」って何だろう？』（ちくまプリマー新書）がある。

なぜイヤな記憶《きおく》は消《き》えないのか

榎本博明《えのもとひろあき》

2019年 6月 10日　初版発行
2024年 10月 25日　6版発行

◆◇◇

発行者　山下直久
発　行　株式会社KADOKAWA
〒102-8177　東京都千代田区富士見2-13-3
電話　0570-002-301（ナビダイヤル）

装丁者　緒方修一（ラーフイン・ワークショップ）
ロゴデザイン　good design company
オビデザイン　Zapp!　白金正之
印刷所　株式会社KADOKAWA
製本所　株式会社KADOKAWA

角川新書

ISBN978-4-04-082251-8 C0211

KADOKAWAの新書 好評既刊

ゲームの企画書②
小説にも映画にも不可能な体験

電ファミニコゲーマー編集部

歴史にその名を残す名作ゲームのクリエイター達に聞く開発秘話第2弾。ヒット企画の発想と創意工夫、そして時代を超える普遍性。最新技術を取り入れながら、いかに最高の体験を企画するかを考える。

ゲームの企画書③
「ゲームする」という行為の本質

電ファミニコゲーマー編集部

歴史にその名を残す名作ゲームのクリエイター達に聞く開発秘話第3弾。ヒット企画の発想と創意工夫、時代を超える普遍性。栄枯盛衰の激しいゲーム業界で活躍し続けるトップランナー達と、エンタメの本質に迫る。

競輪選手
博打の駒として生きる

武田豊樹

「1着賞金1億円、2着賞金2,000万円」最高峰のレースはわずか1センチの差に8,000万円もの違いが生まれる。競輪――人生の縮図とも言える「昭和的な世界」。15億円を稼いだトップ選手が今、初めて明かす。

平成批評
日本人はなぜ目覚めなかったのか

福田和也

平成を通じて日本人は「国」から逃げ続けた。近代が終わり、シビアな「修羅の時代」に突入したにもかかわらず、その姿勢に変わりはない。本書では稀代の評論家が政治や世相、大衆文化を通じて平成を批評し、次代への指針を示す。

移民クライシス
偽装留学生、奴隷労働の最前線

出井康博

改正入管法が施行され、「移民元年」を迎えた日本。その陰で食い物にされる外国人たち。コンビニ「24時間営業」や「398円弁当」が象徴する日本人の便利で安価な暮らしを最底辺で支える奴隷労働の実態に迫る。

KADOKAWAの新書 好評既刊

偉人たちの経済政策
竹中平蔵

日本の歴史を彩る、数々の名君。彼らの名声の背景には、精緻な経済政策があった。現代の問題解決にも通ずる彼らの「リアリズム」を、経済学者・竹中平蔵が一挙に見抜く。

「砂漠の狐」ロンメル
ヒトラーの将軍の栄光と悲惨

大木 毅

「砂漠の狐」と言われた、ドイツ国防軍で最も有名な将軍にして、最後はヒトラー暗殺の陰謀に加担したとされ、非業の死を遂げた男、ロンメル。ところが、日本では40年近く前の説が生きている程、研究は遅れていた。最新学説を盛り込んだ一級の評伝！

韓《から》めし政治学
黒田勝弘

政治的激動をともなう大陸の歴史ゆえか、韓国では「まず飯を食う」が徹底しており、文化や社会生活のみならず、政治にも大きな影響を与えてきた。在韓40年の日本人記者が、半島政治を食を通して読みとく。

知らないと恥をかく最新科学の話
中村幸司

科学は、私たちが夢見た「未来」にどこまで近づいたか？さまざまな科学の現在をNHK解説委員である著者がとことん解説。ニュースの科学を知ることでそのニュースの本質を理解し、科学の面白さに気づける一冊。

快眠は作れる
村井美月

きちんと眠ったはずなのに、すっきり起きられない、寝足りない――。その原因は体内時計の狂いにあります。本書では、その体内時計の狂いを正常化し、心身ともに快調になるための睡眠習慣を紹介します。